시골교회 목사의 생활 영성 이야기

**동행** – 시골교회 목사의 생활 영성 이야기

2016년 12월 23일 · 제1판 1쇄 발행

지은이 | 주　언
펴낸이 | 이요섭
펴낸데 | 요단출판사
　　　　07238 서울특별시 영등포구 국회대로 76길 10
기　획 | (02)2643-9155
영　업 | (02)2643-7290~1 Fax (02)2643-1877
등　록 | 1973. 8. 23. 제13-10호

ⓒ 요단출판사

기　획 | 류정선
편　집 | 이성준
제　작 | 신상현
디자인 | 표지 김애영 / 내지 김남희
영　업 | 김승훈 김창윤 이대성 정준용 이영은 김경혜 최우창 백지숙
인터넷서점 | 유세근

값 12,000원

ISBN 978-89-350-1635-8 03230

이 책의 한국어판 저작권은 요단출판사가 소유하고 있습니다.
출판사의 사전 승인 없이 책의 내용이나 표지 등을 복제, 인용할 수 없습니다.

요단인터넷서점　www.joradanbook.com

시골교회 목사의 생활 영성 이야기

# 주 언 지음

# 동행

요단

# 추천사

## 목회적 질의응답

  아름다움은 한순간에 만들어지지 않습니다. 꽃 한 송이가 피어나는 데에도 기다림이 필요하듯 오랜 묵상을 통해 쓰여진 「동행」은 기다림과 침묵의 결실입니다.

  혼돈된 세대를 사는 지금, 우리에게는 그 어느 때보다 말씀으로 삶을 해석하고 살아내는 사역자가 필요합니다. 그런 시대적 상황 가운데 젊은 목사의 고민을 소박하게 기술한 「동행」을 출간하게 되어 기쁩니다.

  세상에서 유명한 교회, 유명한 목사의 글이 아닌 한 시골교회 젊은 목사의 책을 추천하는 이유는 소명 받은 목사의 진실된 목회와 사역의 가치들이 고백되었기 때문입니다. 주언 목사의 글을 읽으며 얼마나 오랜 시간 개인 경건의 시간을 지키며 하나님께 끊임없이 질문을 했을까 생각하게 됩니다. 그의 글은 목회 초년병 때부터 매순간 진리의 말씀을 가지고 순간순간을 씨름하며 그 가운데 하나님의 음성을 듣고, 그 뜻을 이루어가기 위해 꾸준히 기록한 인내의 결정체라고 생각합니다.

이 책에 큰 울림이 있는 것은 저자의 고민이 교회와 성도들에게 있기 때문입니다. 하나님과 이웃들과 소통하기 위하여 노력하는 이 시대에 참 목자, 아름다운 목회자임을 느끼게 됩니다.

시골 출신 선지자 미가는 시대의 어려움을 몸으로 겪으며 말씀으로 고민하며 그의 백성 앞에서 하나님의 뜻을 선포하는 사명자였습니다. 미가가 신앙의 눈으로 역사를 재인식하며 사명을 붙들었듯이 이 책을 통해 주언 목사의 글에 동감하며 많은 사역자들이 하나님과 「동행」하기에 힘쓰며 그 뜻을 이 땅 위에 이루어 드리길 소망합니다. 이 책이 새 시대를 위한 소통의 도구, 목회의 길잡이가 되리라 믿으며 기쁨으로 이 책을 추천합니다.

한국기독교 총연합회 명예회장<br>
대한예수교 장로회 성복교회 당회장<br>
이 태 희 목사

## 소망 없는 시대, 뇌성 같은 울림!

하나님의 창조 섭리에 따라 순환하는 계절처럼 우리는 하나님의 뜻에 순종하는 삶을 살아야 합니다. 봄, 여름, 가을, 겨울이 주는 자연풍경은 신앙의 의미를 일깨워주는 하나님의 교훈입니다. 그리스도인의 삶에도 이러한 계절이 반복되고 있습니다. 우리는 신앙의 눈으로 하나님의 뜻을 발견하고, 삶으로 반응해야 할 것입니다.

이 책, 젊은 목회자의 신앙단상은 여기에 아주 잘 어울리고 있습니다. 영롱한 물방울 같은 주언 목사의 「동행」은 영적으로 쇠퇴하고 있는 한국교회와 목회철학과 방향도 없이 현장에서 뛰고 있는 목회자들과 그리스도인들에게 신선한 충격을 주기에 충분합니다.

한때 목회현장에서 수년을 함께 사역을 했기에 저자의 신앙과 성품을 나는 잘 알고 있습니다. 특별히 유년주일학교 어린 아이들을 사랑했던 동심의 소유자입니다. 이후로도 온몸으로 부딪힌 목회경험은 이 책을 통해 내면적 진가를 드러내고 있습니다. 하나님의 인도하심에 감사드립니다. 그가 늘 다짐했던 한 마디 "목사님 많이 배우겠습니다." 그 모습이 생생한데 오늘 예수님과 동행하여 얻은 자전적 이야기를 펼쳐보니 마음에 기쁨과 진한 감동이 전해옵니다.

"주언 목사! 결국 해낼 줄 알았습니다. 많은 시행착오와 목회의 어려움이 있었겠지만, 앞으로도 잘 해낼 줄 믿습니다."

오늘날 소망 없이 울려 퍼지는 메시지가 얼마나 많습니까? 아울러 영적 무장 없이 사역을 감당하고 있는 목회자들의 실망스런 모습이 또한 얼마나 많습니까? 그렇기에 왜곡 변질된 메시지와 타락되어 가고 있는 목회현장 속에서 이 책은 진주와 같은 보석, 양날이 선 검으로, 이 땅의 목회자들과 그리스도인들에게 경종을 울리는 메신저가 될 것입니다.

이 책이 목회간증서로 많은 분들에게 필독서가 되어 한국교회를 바로 세우는 디딤돌이 되길 소망합니다. 화려하고 웅장한 글은 아니지만 소박하고 진솔하게 표현한 저자의 직관과 묵상이 뇌성 같은 소리를 발하여, 독자들이 은혜와 감동을 받는 책이 될 줄 믿습니다. 예수 그리스도와 동행하려는 분들에게 이 책이 용기와 격려가 되길 바라며 이 책을 적극 추천합니다.

대한예수교장로회 총회 증경총회장<br>
성락장로교회 당회장<br>
**황 덕 광** 목사

## 머릿말

오랜 시간을 성직자로 살았건만 나는 교회 안과 밖의 삶이 유난히 다른 내 모습에 실망할 때가 많았다. 교회에서는 늘 경건한 목회자의 모습을 유지하기 위해 노력하였고, 설교도 그럴듯하게 경건과 성결을 강조하였지만, 교회를 나가면 세상 사람들과 별반 다름없는 가식적인 모습을 하기 때문이다.

어느 날, 나는 사도행전에 기록된 초대교회의 태동과 성장을 확인하면서 큰 감명을 받게 되었다. 삯꾼 목자에 불과했던 나에게 하나님께서는 말씀을 통하여 경종을 울리셨던 것이다. 그렇게 나는 하나님의 말씀에 이끌려, 살고 있던 집을 팔아 초대교회를 벤치마킹한 신앙공동체를 개척하기에 이르렀다. 말이 좋아 개척이지 그것은 역동적이고 영성 깊은 신앙생활을 갈망하는 내 영혼의 돌파구였다. 하지만 그렇게 좋은 취지로 시작한 모험은 늘 크고 작은 문제를 겪어야만 했다. 그리고 하나님께서는 그러한 고난과 역경을 통해 내가 참다운 회심에 이를 수 있도록 성령을 부어주셨고 나아가 자신의 실존을 드러내시어 연약한 내 믿음을 승화시키셨다.

성직이란 말을 함부로 써서는 안 되는 것처럼 성도란 말 역시 가볍게 써서는 안 되는 것이라 생각한다. 성도란 경건을 소망하여 세속에서 구별된 사람들을 일컫는 말 아니던가? 그리고 그러한 성도의 생활은 교회를 떠나 세상 속에서도 하나님을 향한 믿음의 모습으로 나타나야 한다. 하지만 그동안 여러 교회를 섬기며 내가 바라본 성도들의 모습은 지난날 이질적이었던 나의 신앙과 별반 다른 것이 없었다.

 나는 삶이 예배가 되는 참된 신앙생활 속에서 내가 경험했던 하나님의 은혜들을 이 책을 통해 소개하고자 용기를 내었다. 이 책이 나올 수 있도록 애써준 에벨교회의 성도들과 문서선교의 귀중한 사역을 감당하고 있는 요단출판사에게 감사를 드린다. 부디 많은 성도들이 교회 밖 삶에서까지 하나님을 앙망하며 하나님의 살아계심을 몸소 체험하길 기원해마지 않는다.

*양평의 한 길목에 쏟아진 옅은 노을을 보며...*

*주연*

**차례**

추천사
머릿말

### 1장 내가 주를 뵈옵니다     13

존재의 이유 ǀ 자녀인가 종인가 ǀ 자녀로 살기 ǀ 마음 편한 갈비 ǀ 오직 다윗만이 싸울 수 있었다 ǀ 안정을 추구하는 신앙 ǀ 무엇이 진실인가? ǀ 멸시하라 ǀ 제자의 세 가지 사명 수영장을 통째로 빌렸습니다 ǀ 다니엘의 신앙 ǀ 부족함이 없으리로다 ǀ 셔츠 한 벌 날마다 새롭게 ǀ 기적은 말씀을 기억하는 자가 경험한다 ǀ 은사가 많은 것은 결코 축복이 아니다 ǀ 가정 안에서 본이 되는 신앙 ǀ 부르짖으라 ǀ 가정교육 ǀ 동행은 영생을 이룬다 하나님이 주신 양복 ǀ 감사는 은사다 ǀ 제발 순수해지자 ǀ 하나님은 부족한 사람을 선택하셨다 ǀ 게으름 ǀ 주를 뵈옵나이다 ǀ 롯의 처를 기억하라 ǀ 기도는 기적을 낳는다 갈망을 통해 응답하신다 ǀ 신실한 친구 ǀ 예수님을 통해 구원을 얻는 것 1 ǀ 예수님을 통해 구원을 얻는 것 2 ǀ 응답되는 기도 ǀ 시기하는 자와 도전받는 자 ǀ 그 흔한 돌멩이 하나 일지라도

### 2장 만민이 기도하는 집     81

특수목회라고? ǀ 하나님을 경외하는 목회자 ǀ 신앙은 삶이 증명한다 ǀ 그의 의를 구하라 좋은 약은 입에 쓰다 ǀ 인도자가 아닌 예배자가 되어 ǀ 앎과 깨달음 ǀ 사랑하는 자는 자랑한다 ǀ 교회의 살림살이 ǀ 준비된 예배 ǀ 전도의 목적 ǀ 누구의 탓인가? ǀ 오해입니다 교회의 연합을 이루는 성도 ǀ 하나님의 영광이라고? ǀ 인색함 없는 헌금 ǀ 선한 목자 삯꾼 목자 ǀ 삯꾼은 사기꾼이다 ǀ 시장이 반찬이다 ǀ 아멘합시다 ǀ 성도를 향한 목회자의 가치관 ǀ 비판하지 말라 ǀ 전도 문자 ǀ 성도의 외식 ǀ '내'가 없이도 ǀ 예배는 사랑의 증거다 ǀ 부족한 자들의 교회 ǀ 단단한 음식은 장성한 자의 것이다

## 3장 회개하지 아니하면　　**133**

참된 회개 ｜ 화이트 ｜ 기도하지 않는 죄 ｜ 차라리 낮은 자존감을 소유하라 ｜ 이해를 초월한 믿음 ｜ 교통법규부터 지키시오. 아멘 ｜ 자기부정과 하나님의 응답 ｜ 연단하셔서 사용하신다 ｜ 인색함 ｜ 음란의 저주 ｜ 하나님과 재물 ｜ 죄에 대한 책망 ｜ 의에 대한 책망 ｜ 심판에 대한 책망 ｜ 보일러 고장 ｜ 회개는 생명이며 축복이다 ｜ 죄짓고는 못산다 ｜ 양은 목자의 음성을 듣는다 ｜ 날마다 기도해야만 ｜ 믿음의 기도 ｜ 말씀의 능력 ｜ 나는 죽고, 그리스도로 사는 사람 ｜ 매력 없는 천국 ｜ 운명을 해석하는 자세 ｜ 고난 앞에서 회개하라 ｜ 마귀를 대적하라 ｜ 고난의 유익 ｜ 곧 이때라 ｜ 알량한 자존심 ｜ 같은 체험, 다른 결과 ｜ 잔소리 ｜ 귀신의 거처 ｜ 거듭남의 증거 ｜ 보고, 듣는 것에 유의합시다 ｜ 성령님의 음성을 듣는 자 ｜ 아는 것과 순종하는 것 ｜ 율법의 오용 ｜ 기질의 대물림 ｜ 문화의 대물림 ｜ 쓴소리

## 4장 하나님께 가까이 함이 내게 복이라　　**207**

축복의 정의를 새롭게 하라 ｜ 냉장고와 최신형 휴대폰 ｜ 과연 누가 정상일까? ｜ 복된 인생이란? ｜ 고난의 유익 ｜ 칼국수를 즐겨먹는 이유 ｜ 부하게도 마옵시고 ｜ 성도의 순종과 하나님의 영광 ｜ 축복을 유통하라 ｜ 강점으로 일하라! ｜ 말씀에 순종합시다 ｜ 첫째 부활의 특권 ｜ 의지하자 ｜ 나를 십자가에 못 박고 ｜ 복음 외에 것을 기대하는 성도들 ｜ 여호와 샬롬 ｜ 하늘에 쌓아두라 ｜ 십자가를 지신 이유 ｜ 기도에는 능력이 있다 ｜ 이스라엘이 된 야곱 ｜ 날마다 성장하자 ｜ 신뢰받는 성도 ｜ 하나님을 의식하라 ｜ 우리를 향한 불신자들의 신뢰 ｜ 어떤 상황에도 ｜ 말을 통해서 알 수 있다 ｜ 은혜 받은 것을 유지하라 ｜ 건강한 자는 순종한다 ｜ 긍정의 힘 ｜ 경준이와 같은 나

1장

# 내가 주를 뵈옵니다
(욥 42:5)

## 존재의 이유

**하나님이 이르시되 우리의 형상을 따라 우리의 모양대로 우리가 사람을 만들고… 하나님이 자기 형상 곧 하나님의 형상대로 사람을 창조하시되 남자와 여자를 창조하시고** – 창 1:26–27

이 말씀은 하나님의 독백을 기록한 것이다. 그런데 이러한 하나님의 독백은 성경을 묵상하는 독자로 하여금 한 가지 의문을 갖게 한다. 하나님께서 무슨 까닭으로 자신을 일인칭 복수인 '우리'로 지칭하셨는지에 대한 궁금증이다. 세상의 논리대로라면 '우리'가 아닌 일인칭인 단수인 '나'로 지칭하는 것이 옳은 표현일 것이다. 하나님 외에는 다른 것이 있을 리가 만무하기 때문이기도 하다.

'우리'라는 단어 안에는 성삼위일체의 속성이 담겨 있다. 다시 말해 성경은 하나님께서 성부, 성자, 성령 삼위일체의 형상으로 존재하심을 '우리'라는 단어를 통해 드러내고 있는 것이다. 그런데 흥미로운 것은 그러한 삼위일체의 형상을 따라 사람이 창조되었다는 것이다. 이것은 우리의 존재가 가시적인 육체와 함께 비가시적인 영과 혼으로 구성되어있음을 가리킨다. 이러한 구조는 하나님께서 오직 사람에게만 적용하셨다. 동물들에게도 혼은 존재한다(전 3:21). 그래서 모든 동물은 나름대로의 사고력을 지니고 있다. 하지만 영을 허락받은 것은 오직 사람뿐이었다(창 2:7). 그렇다면 하나님께서는 왜 사람에게 영을 허락하신 것일까?

"하나님은 영이시니 예배하는 자가 영과 진리로 예배할지니라" (요 4:24). "이 백성은 내가 나를 위하여 지었나니 나를 찬송하게 하려 함이니라"(사 43:21). 성경은 우리가 영을 소유하게 된 이유를 사람만이 하나님을 영화롭게 하는 예배의 도구로 선택되었기 때문이라 말한다. 그러므로 인간 존재의 의미는 오직 하나님을 예배하는 것이라 할 수 있다.

기독교 신앙은 사람의 소원을 이루어주는 수단이 아니다. 오히려 참된 신앙은 이와 반대로 피조물인 인간이 창조주 되시는 하나님의 뜻을 이루는 삶을 가리킨다. 우리의 존재의 목적이 예배인 이유가 여기에 있다. 우리가 하나님의 뜻을 이루기 위해서는 예배를 통해 그분의 뜻을 깨우쳐야 하는 것이다.

## 자녀인가 종인가

그 사람이 그에게 이르되 네 이름이 무엇이냐 그가 이르되 야곱이니이다 그가 이르되 네 이름을 다시는 야곱이라 부를 것이 아니요 이스라엘이라 부를 것이니 이는 네가 하나님과 및 사람들과 겨루어 이겼음이니라
– 창 32:27-28

야곱은 그 이름의 뜻처럼 잔머리 굴리는데 뛰어난 사람이었다. 그는 자신의 꾀를 이용하여 자신이 생각한 것을 성취하는 사기꾼이었다. 어머니의 뱃속에서부터 형과 다투고 팥죽 한 그릇으로 형의 장자권을 빼앗았다. 또한 외삼촌 라반의 집에서는 버드나무와 살구나무와 신풍나무 가지를 가져다가 껍질을 벗겨 물통에 세워 놓고, 양들에게 물을 먹이는 방법으로 자신의 소유를 늘렸다. 그러나 야곱의 삶의 방식은 늘 억눌리는 '종'의 모습에서 탈피하지 못했다.

야곱은 라반의 집에서 거둔 많은 소유를 가지고 금의환향하게 된다. 하지만 그 소식을 들은 에서는 사백 명의 종들과 함께 자신의 장자권을 빼앗은 야곱을 치기 위해 올라온다. 그런 상황에서 야곱은 또 종처럼 잔머리를 굴린다. 형의 환심을 사기위해 자신의 종들에게 많은 예물을 준비시켜 자신보다 먼저 일행을 나누어 보낸다. 자신의 생명을 보존하기 위해 형의 마음을 떠보는 방법이었다.

하지만 야곱의 불안감은 해소되지 않았다. 그 이유는 그러한 야곱의 묘책에도 불구하고 에서는 오히려 더 강퍅해졌기 때문이었다. 그는 마지막까지 홀로 남아 형과의 대면을 주저한다. 그때 하나님이 어떤 사람으로 찾아오셨다. 그리고 어찌된 영문인지 그들은 씨름을 하기 시작했다. 그것은 하나님의 방식과 야곱의 방식의 충돌이었다. 하나님께서는 하나님을 의지하는 자가 받는 은혜를 참된 축복이라 말씀하셨지만 야곱은 그동안 자신의 이성과 능력이 만들어낸 물질만을 축복이라 고수하며 살아왔다. 결국 하나님께서는 자신의 방식을 고집하는 야곱에게 초달을 대셨다. 그 씨름에서 야곱의 환도뼈가 어긋났고, 그가 고수했던 가치관도 깨져버렸다. 그렇게 백기를 든 야곱은 하나님께 자신을 축복해주실 것을 간구하였다. 조금 전까지 머리를 굴리며 형통을 만들어내던 야곱이 진정한 축복은 하나님께로부터 임한다는 것을 깨닫게 된 것이다.

하나님의 절대주권을 인정하고 승복한 야곱은 '이스라엘'이라는 새로운 이름을 얻게 되었다. *"그가 이르되 네 이름을 다시는 야곱이라 부를 것이 아니요 이스라엘이라 부를 것이니 이는 네가 하나님과 및 사람들과 겨루어 이겼음이니라"*(창 32:28).
이스라엘이라는 단어는 성경에 기록된 대로 '하나님과 겨루어 이기다'라는 의미를 지니고 있다. 그런데 앞뒤가 맞지 않는다. 싸움에서 야곱은 분명 패하였다. 그런데 왜 하나님께서는 그가 자신을 이겼다고 말씀하시는 것인가?

나는 부모가 되고 나서야 그 뜻을 깨달을 수 있었다. 나에게는 내가 결코 이길 수 없는 한 사람이 있다. 그건 바로 나의 전부라 할 수 있는 사랑하는 딸이다. 나는 딸에게 항상 져준다. 집에서 게임을 할 때도, 운동장에서 달리기를 할 때도, 장난을 쳐도 결국에는 내가 딸에게 항복하고 만다. 그래서 딸은 나와 함께 노는 것을 좋아한다. 하지만 딸만 모르지 모든 사람들은 알고 있다.

내가 힘이 없어서 딸에게 져주는 것이 아니란 것을 말이다.

야곱이 '이스라엘'이 되었다는 것은 그가 이제 하나님의 자녀가 되었음을 가리킨다. 그동안 버려진 고아처럼 자기의 머리와 능력을 의지했던 야곱이 이제는 자녀가 되어 하나님의 능력으로 먹고 살 수 있게 된 것이다.

야곱처럼 우리에게는 하나님이라는 아버지가 있다. 그런데 많은 성도들이 자녀가 아닌 종의 신분으로 살아가는 것처럼 보인다. 안타깝게도 그들은 오직 자신의 능력으로 형통을 이루는 삶을 자랑스럽게 여기는 듯하다.

자녀는 부모를 의지한다. 그게 자녀의 본분인 것이다. 당신은 종인가? 자녀인가?

## 자녀로 살기

**나의 하나님 여호와여 주께서 종으로 종의 아버지 다윗을 대신하여 왕이 되게 하셨사오나 종은 작은 아이라 출입할 줄을 알지 못하고 주께서 택하신 백성 가운데 있나이다 그들은 큰 백성이라 수효가 많아서 셀 수도 없고 기록할 수도 없사오니** – 왕상 3:7-8

나에게는 가슴으로 낳은 아들들이 있다. 그 아이들은 모두 부모로부터 버림을 받은 장애아들이다. 그중 일곱 살 진규는 나를 무척이나 잘 따르는 사랑스런 아들이다. 그런데 어느 날 식사를 하는 진규의 모습이 무척이나 불편해 보였다. 그래서 입 안을 확인해 보니 흔들리는 이가 무려 4개나 되었다. 어린 녀석이 얼마나 아프고 불편했을까? 하지만 더 안타까웠던 것은 녀석의 그런 생활 모습이다.

진규는 어린 나이에 여러 시설을 돌다가 이곳에 정착하였다. 아마도 눈칫밥을 먹으며 홀로 살아가는 방식을 스스로 깨우쳤던 것 같다. 그래서 아파도 누구에게 말하지 못하고, 참고 견뎠던 것이다.

나는 곧바로 진규의 아픈 이를 뽑아 주었다. 물론 진규는 울지 않았다. 차라리 내 품에 안겨서 울고 어리광도 부리면 좋으련만… 그런 진규를 바라보며 내 모습을 묵상해 본다.

나는 하나님의 자녀다. 하지만 나도 진규와 같이 버려진 고아처럼 행동할 때가 있다. 삶에서 문제가 생겨도 하나님 아버지께 기도를 드려 도움을 구하기보다 스스로 그러한 문제를 해결하려고 아등바등했던 것이다. 하나님 아버지께서 그런 나의 모습을 과연 어떻게 여기셨을까? 그것을 자녀의 성숙이라 믿으시며 대견해하셨을까? 나는 아니라 믿는다. 하나님 아버지는 내가 어린 아이처럼 평생 하나님을 의지하기를 바라실 것이다.

나는 이를 뽑은 진규에게 이렇게 이야기해주었다. "진규야, 나는 진규 아빠지? 그러니까 어디가 아프면 아빠한테 이야기해야 해. 그래야 아빠가 진규를 도와주지." 그랬더니 진규가 고개를 끄덕거리며 웃는다. 진규의 눈망울에 비친 내 모습을 바라보며 뜨거운 눈물을 흘리고 말았다.

## 마음 편한 갈비

**자기만 먹는 이스라엘 목자들은 화 있을진저 목자들이 양 떼를 먹이는 것이 마땅하지 아니하냐** – 겔 34:2

 한 성도분이 명절 선물로 한우갈비를 세트를 주셨다. 집에 돌아오니 딸아이가 선물을 보고 가장 먼저 반긴다. 식구 모두가 모여 감사기도를 하고 고기를 굽는데 마음이 불편해진다. 그래서 나는 그 원인을 찾기 위해 하나님의 마음을 묵상했다.

*"야곱이 또 산에서 제사를 드리고 형제들을 불러 떡을 먹이니"* (창 31:54). 묵상 중에 공동체 식구들이 생각이 났다. 당시 함께 동역하던 전도사님들의 부인들은 대부분 임신 중이어서 누구보다 영양가 높은 음식을 섭취해야 했다. 식사를 중단하고 아내와 함께 고기를 정성스럽게 포장했다. 그리고 각 집에 전달하고 돌아와 다시 식사를 시작했다. 신기하게도 불편했던 마음이 어디론가 사라졌다. 이미 고기는 다 식었지만 그 맛은 어느 음식과 비교할 수 없을 정도로 맛있었다.

나는 믿는다. 그 불편했던 마음이 그들을 사랑하시는 성령님의 음성이라는 것을. 시간이 지나자 핸드폰에 문자가 도착했다. 고기를 받은 분들의 감사 메시지였다. 그날 우리는 그렇게 하나님의 따뜻한 사랑을 느꼈다.

*"땅의 모든 족속이 너로 말미암아 복을 얻을 것이라 하신지라"* (창 12:3). 하나님께서 우리에게 복을 주시는 이유는 나와 내 가정만 누리라는 것이 아니다. 하나님께서 우리를 축복하시는 진정한 이유는 우리가 소유한 축복이 복음의 도구로 세상에 유통되길 원하시기 때문이다.

## 오직 다윗만이 싸울 수 있었다

… 골리앗이라 하는 자가 그 전열에서 나와서 전과 같은 말을 하매 다윗이 들으니라 이스라엘 모든 사람이 그 사람을 보고 심히 두려워하여 그 앞에서 도망하며 이스라엘 사람들이 이르되 너희가 이 올라 온 사람을 보았느냐 참으로 이스라엘을 모욕하러 왔도다… – 삼상 17:23-25

사울이 이스라엘을 통치하던 시절 블레셋이 이스라엘을 쳐들어왔다. 이때 블레셋 진영에서는 골리앗을 내세워 싸움을 돋우었다. 그렇게 골리앗은 이스라엘을 모욕하는 말들을 거침없이 쏟아내기 시작했다. 그런데 사울은 물론 온 이스라엘은 하나님의 군대가 모욕을 당하고 있는데도 두려워하여 대항할 엄두를 내지 못했다. 오히려 이스라엘 백성들이 골리앗이 무서워 도망쳤다고 성경은 기록하고 있다. 그런 상황에서 골리앗의 말을 듣고 한 사람이 분노하며 일어난다. 그가 바로 '다윗'이었다. 다윗은 골리앗의 모욕이 하나님을 향한 조롱으로 생각했던 것이다. 왜냐하면 이스라엘 군대의 주인은 하나님이시기 때문이다. *"다윗이 곁에 서 있는 사람들에게 말하여 이르되… 블레셋 사람이 누구이기에 살아 계시는 하나님의 군대를 모욕하겠느냐"*(삼상 17:26).

만약 누군가가 당신의 부모를 욕되게 한다고 가정해보라. 과연 당신은 그러한 말을 듣고 참을 수 있겠는가? 날 낳아주시고 길러주신 내 부모님을 욕되게 하는데 말이다. 이런 관점으로 생각해

보면, 골리앗 앞에서 도망한 이스라엘을 향해 하나님은 분명 서운한 마음을 느끼셨을 것이다.

과연 다윗은 다른 사람처럼 두려움이 없었을까? 대부분의 사람들은 다윗의 용맹을 너무 쉽게 생각한다. 하지만 다윗은 어린 소년에 불과하다. 그도 분명 거대한 골리앗의 신장을 보며 두려워했을 것이다. 그럼에도 불구하고 다윗은 목숨을 걸고 전장의 한복판으로 나아간다. 왜냐하면 다윗에게 여호와 하나님은 지금껏 자신의 삶을 인도하시고 모든 위기의 상황에서 자신을 지켜주신 '아버지'였기 때문이었다. *"다윗이 사울에게 말하되 주의 종이 아버지의 양을 지킬 때에… 여호와께서 나를 사자의 발톱과 곰의 발톱에서 건져내셨은즉 나를 이 블레셋 사람의 손에서도 건져내시리이다"*(삼상 17:34–37).

그렇다면 왜 이스라엘 백성들은 다윗처럼 골리앗에게 분노하지 못했던 것인가? 그들에게 하나님은 형식적 제사의 대상일 뿐 삶 가운데 동행하시는 실제적인 존재가 아니었던 것이다.

당신은 하나님의 영광을 위해 다윗처럼 골리앗에 맞설 수 있는가? 이러한 질문의 답은 오직 당신의 '삶'이 대답할 것이다.

## 안정을 추구하는 신앙

이스라엘 자손이 그들에게 이르되 우리가 애굽 땅에서 고기 가마 곁에 앉아 있던 때와 떡을 배불리 먹던 때에 여호와의 손에 죽었더라면 좋았을 것을 너희가 이 광야로 우리를 인도해 내어 이 온 회중이 주려 죽게 하는도다 – 출 16:3

성경은 하나님 나라와 세상과의 충돌을 묘사하고 있다. 하나님 나라에 대한 성경의 직접적인 표현은 나오지 않지만, 그 개념은 구약 전체를 관통하고 있다. 즉 하나님의 통치와 주권을 인정하는 것에서 하나님 나라가 성도의 심령에 임하게 되는 것이다. 그러나 인간은 하나님의 통치를 따르지 못하고 세상 나라의 노예가 되었다. 애굽에 머물었던 이스라엘 백성들의 생활이 그 대표적인 사례라 할 수 있다. 이스라엘 백성들은 어느 순간 세상 나라(애굽)의 노예가 되었다. 애굽은 라(Ra)라고 칭하는 태양신을 숭배하였다. 그러므로 전도서에서 기록된 *"해 아래에서의 수고"*(1:3)는 하나님을 잃어버리고 애굽의 문화에 사로잡힌 이스라엘의 모습을 상징적으로 가리키는 것이라 할 수 있다.

신앙이란 애굽의 종살이에서 해방되어 하나님께서 인도하시는 젖과 꿀이 흐르는 땅으로 나아가는 '여정'을 말한다. 하지만 오늘날 많은 성도들은 오히려 애굽으로의 복귀를 희망한다. *"어찌하여 여호와가 우리를 그 땅으로 인도하여 칼에 쓰러지게 하려 하*

*는가 우리 처자가 사로잡히리니 애굽으로 돌아가는 것이 낫지 아니하랴*"(민 14:3). 그들은 이스라엘 백성처럼 일시적 고통을 참지 못하고, 애굽에서 고기와 떡을 배불리 먹었던 지난날을 그리워하고 있는 것이다.

　많은 성도들이 성경에 등장하는 믿음의 선조들을 존경한다고 말한다. 하지만 그들이 살았던 삶의 방식은 거부한다. 아무런 증거도 없이 하나님의 언약만을 믿고 나아갔던 그들의 삶이 무모한 모험이라 느껴지기 때문이다.

　하나님은 자신의 백성을 구원하기 위해 당신의 아들을 세상으로 보내주셨건만 이스라엘 백성들은 자신들의 안위를 위해서 애굽으로의 복귀를 희망하고 있다.

1장 내가 주를 뵈옵니이다 · 25

## 무엇이 진실인가

이르되 너희는 히브리 여인을 위하여 해산을 도울 때에 그 자리를 살펴서 아들이거든 그를 죽이고 딸이거든 살려두라 그러나 산파들이 하나님을 두려워하여 애굽 왕의 명령을 어기고 남자 아기들을 살린지라 애굽 왕이 산파를 불러 그들에게 이르되 너희가 어찌하여 이같이 남자 아기들을 살렸느냐 산파가 바로에게 대답하되 히브리 여인은 애굽 여인과 같지 아니하고 건장하여 산파가 그들에게 이르기 전에 해산하였더이다 하매 하나님이 그 산파들에게 은혜를 베푸시니 그 백성은 번성하고 매우 강해지니라
- 출 1:16-20

신학생 시절 내가 재학 중인 학교에는 불우한 학우들이 참 많이 있었다. 그중에 특별히 연세가 많이 드신 한 분이 생각난다. 그분은 형편이 너무 어려워서 학교 도서관에서 숙식을 해결하고 계셨다. 설 명절을 앞둔 어느 날 학교에서 공부를 하고 있는데 그분께서 찾아오셔서 이렇게 말씀하셨다.

"걱정입니다. 이제 곧 설인데 학교 식당이 문을 닫는다고 하네요. 명절동안 쫄쫄 굶게 생겼습니다."

그분은 농담처럼 말했지만 그러한 처지를 듣는 나의 마음은 편치 않았다. 그래서 나는 내 지갑에 있는 모두를 드리려고 했다. 그런데 그분은 나의 작은 정성을 극구 사양하셨다. 그래서 나는 어쩔 수 없이 이렇게 거짓말을 하였다.

"저희 집은 교회에서 모든 반찬과 쌀을 해결해 주셔서 먹을 것

이 풍족합니다. 그러니 제가 그 음식을 가져다 드릴게요."

그분은 남는 음식이라면 감사히 받겠다며 기뻐하셨다. 하지만 가난한 신학생인 나의 가정형편은 뻔했다. 먹을 것이 넉넉하지 않았던 것이다.

나는 그분과 헤어진 뒤 마트로 향했다. 가진 돈을 탈탈 털어 과일과 떡 그리고 반찬들과 쌀까지 구매하여 전달해드렸다. 또 한겨울인데 그분이 입고 계신 얇은 겉옷이 마음에 걸려 내가 입던 오리털 잠바를 드리며 또 한 번 거짓말을 했다. 좋은 옷이지만 그동안 사이즈가 맞지 않아서 입지 못했다고 말이다. 그렇게 옷과 음식을 전달해드리고 집으로 돌아오는데 편해야 하는 마음이 찝찝하기만 했다. 거짓말을 너무 많이 한 것 같았기 때문이었다.

애굽 왕 바로는 히브리 산파 십브라와 부아에게 히브리인이 남자 아기를 출산할 경우 그 아이를 살해할 것을 명령했다. 하지만 산파들은 여호와 하나님을 두려워하는 자들이었다(출 1:17). 그래서 그들은 바로의 명령을 어기고 남자 아기를 살렸다. 하지만 그들의 행동은 금세 들통이 났다. 결국 바로는 그들을 추궁하여 남자 아기들을 살린 이유에 대해 따져 물었다. 이에 산파들은 이렇게 대답했다. *"히브리 여인은 애굽 여인과 같지 아니하고 건장하여 산파가 그들에게 이르기 전에 해산하였더이다 하매"*(19절).

산파들의 이런 대답은 과연 신빙성이 있을까? 종의 신분으로 비루한 생활을 하던 히브리 여인들이 건장했다는 표현은 쉽게 이해가 되지 않는다.

교회 안에서도 유교적 가치관으로 신앙생활을 하는 자들이 존재한다. 성경에서 말하는 '율법주의'에 가까운 사람들이다. 그들은 자신들이 예수님의 말씀을 믿는다고 주장하지만 사실은 성경이 아닌 윤리와 도덕을 기준으로 선악을 판단하는 자들이다. 그런 자들은 오늘 본문에 등장하는 산파들의 대답을 거짓이라는 이유만으로 정죄할지도 모른다. 하지만 모든 선악을 판단하시는 하나님께서는 오히려 그런 산파들을 축복하신다. *"그 산파들은 하나님을 경외하였으므로 하나님이 그들의 집안을 흥왕하게 하신지라."* (21절)

명심하자. 우리가 진실을 말한들 그것이 이웃에게 해가 되어 하나님의 영광을 가린다면 그것은 진실이 아니라 오히려 악이 될 뿐이다.

## 멸시하라

**너희를 어지럽게 하는 자들은 스스로 베어 버리기를 원하노라** – 갈 5:12

2014년 빌 게이츠(Bill Gates)는 세계 각국의 사망원인을 분석한 세계보건기구(WHO)의 통계를 바탕으로 인류에게 가장 위험한 동물을 자신의 블로그로 소개하였다.

그 내용을 살펴보면, 5위는 아프리카 중서부에서 서식하는 체체파리인데, 사람들에게 수면병을 옮겨 매년 1만여 명이 사망에 이른다고 한다. 4위는 광견병을 옮기는 개로 선정되었는데, 매년 2만 5천 명이 희생되고 있다. 3위는 매년 5만여 명을 희생시키는 뱀이 선정되었다. 압도적 수치로 1위에 오른 것은 모기인데, 다양한 바이러스를 옮겨 72만 5천 명의 목숨을 앗아가고 있다. 2위로 집계된 것은 놀랍게도 '인간'이었는데 타살된 사람의 수는 47만 5천 명으로 집계되었다. 인류에게 사람이 얼마나 위험한 존재인지를 가늠할 수 있는 통계가 아닐 수 없다.

신앙생활에서도 분명 경계해야 할 무리들이 존재한다. 그들은 바로 율법을 행하므로 신앙의 희열을 느끼는 '율법주의자'들이다. 표면적으로는 율법에 순종하려는 그들의 행위가 옳게 보일 수도 있겠지만 그들은 결국 그런 의로운 행동을 통하여 하나님의 의가 아닌 자신의 의를 선전하는 우상숭배자들일 뿐이다.

신앙을 문자 그대로 해석한다면 '하나님을 앙망하는 것'이라 할 수 있다. 그래서 하나님께 선택 받은 성도라면 어떤 상황을 맞닥뜨리더라도 사람이 아닌 하나님만을 바라보고 의지해야 한다. 그러나 율법주의자들의 시각은 하나님이 아닌 사람에게 집중되어 있다.

*"그러므로 구제할 때에 외식하는 자가 사람에게서 영광을 받으려고 회당과 거리에서 하는 것 같이 너희 앞에 나팔을 불지 말라*

*진실로 너희에게 이르노니 그들은 자기 상을 이미 받았느니라"* (마 6:2). 이처럼 그들의 관심은 보이지 않는 하나님이 아니라 오직 자신의 선행을 인정해 줄 사람에게 집중되어 있다. 이것이 어느 것보다 위험한 것은 그들의 잘못된 시각이 전염성을 가지고 있다는 것이다. 그래서 외식하는 자들에게 미혹되면 성도는 영적 분별력을 상실하여 하나님을 의식하지 못하게 된다.

성경이 말하는 망령된 자는 '영이 망한 자'들을 가리킨다. 즉 외식으로 말미암아 영이신 하나님을 의식하지 못하여 영으로 하나님을 예배하지 못하는 자들을 가리키는 것이다. 우리가 그들을 경계해야 하는 이유는 그들이 우리의 영혼을 해치는 자가 되기 때문이다. "여호와여 주의 장막에 머무를 자 누구오며 주의 성산에 사는 자 누구오니이까 … 그의 눈은 망령된 자를 멸시하며 여호와를 두려워하는 자들을 존대하며 그의 마음에 서원한 것은 해로울지라도 변하지 아니하며"(시 15:1-4).

## 제자의 세 가지 사명

또 산에 오르사 자기가 원하는 자들을 부르시니 나아온지라 이에 열둘을 세우셨으니 이는 자기와 함께 있게 하시고 또 보내사 전도도 하며 귀신을 내쫓는 권능도 가지게 하려 하심이러라 – 막 3:13-15

예수님께서는 '자신과 함께 있게 하시려고' 제자들을 부르셨다. 성도의 신앙에 주일성수가 절대적인 이유는 예배를 통하여 임재하시는 하나님을 경험할 수 있기 때문이다(출 20:11). 하지만 온전한 주일성수는 주일 하루만을 목적으로 하지 않는다. 참된 안식일의 기능은 성도가 예배 가운데 말씀으로 임재하신 하나님과 교회 밖 세상에서도 동행하는 것이라 할 수 있기 때문이다. 그래서 하나님께 선택받은 제자라면 온전한 주일성수를 넘어 삶에서의 예배를 생명과 같이 지켜야 하는 것이다.

또한 예수님께서는 '전도'를 목적으로 제자들을 부르셨다. 사람의 가치관은 그 사람의 말을 통해서 알 수 있다(마 12:34). 만약 우리의 관심사가 세상에 맞춰져 있다면 우리는 복음과 관련된 의미 없는 말만을 늘어놓게 된다. 하지만 우리의 관심사가 세상이 아닌 동행하시는 예수님께 맞춰져있다면 분명 우리는 하나님의 은혜를 전하는 전도자가 될 것이다.

마지막으로 예수님께서는 제자들에게 '권세'를 허락하신다. 사탄은 분명 실존한다. 하지만 사탄은 가시적인 형태로 존재하지는 않는다. 그는 오히려 하나님의 말씀에 반하는 논리로 존재한다. 그래서 사탄은 지금도 여러 매체를 이용하여 인본주의 사상을 전파하고 있다. 그러므로 오늘 말씀에 기록된 귀신을 내쫓는 권능이란 어떠한 신비적인 능력을 의미하는 것이 아닌 마귀의 논리를 소멸할 수 있는 하나님의 말씀 즉 성경을 뜻하는 것이라 할 수 있다(엡 6:17).

　이러한 세 가지의 사명은 모두 유기적으로 구성된 신앙의 체제라 할 수 있다. 성도가 삶에서 주와 동행을 이루게 되면 그는 성도 간의 거룩한 교제를 통하여 복음을 전파하고 성경에 반하는 세상의 문화들을 말씀으로 싸워 늘 승리하는 삶을 누리게 되는 것이다.

## 수영장을 통째로 빌렸습니다

**너희가 내 안에 거하고 내 말이 너희 안에 거하면 무엇이든지 원하는 대로 구하라 그리하면 이루리라** – 요 15:7

　초보 전도사 시절, 처음 맡았던 여름성경학교가 기억난다. 내가 사역했던 교회는 미약한 개척교회였다. 유초등부와 중고등부 학생들을 전부 합쳐봐야 열 명이 조금 넘는 인원이었다. 하지만 그 녀석들은 나에게 무엇과도 바꿀 수 없는 소중한 양떼들이었다. 당시에는 교회의 지원이 부족하여 모든 일들을 전도사인 내가 준비하고 감당해야만 했다. 찬양, 말씀, 게임과 특강 심지어 음식까지 말이다. 그때는 참 어렵고 힘들었지만 그렇게 어렵게 배운 사역들이 지금 나에게는 가장 큰 목회의 자산이 되었다.

여름성경학교를 참석하는 대부분의 아이들은 예배하는 것보다 물놀이하는 것만을 기대한다. 그런 아이들의 마음을 알고 있었기에 나는 수련회 마지막 날 물놀이를 계획하고 있었다. 그런데 수영장을 방문하기로 한 당일, 한참 예배를 드리는데 예보에도 없던 비가 오기 시작했다. 아이들은 비로 인해 수영장에 가지 못할까봐 예배에 제대로 집중하지 못했다. 나는 아이들을 책망하며 이렇게 이야기했다.

"예배를 잘 드려야 하나님께서 물놀이를 할 수 있도록 비도 멈춰주시는 거야!" 말은 그렇게 했지만 아차 싶었다. 비가 멈추지 않는다면 아이들의 실망이 이만저만한 게 아닐 것 같았다. 예배가 끝난 뒤 아이들은 갑자기 창문을 열고 기도를 하기 시작했다. "하나님, 물놀이를 하고 싶습니다. 제발 비가 그치게 도와주세요." 그런 아이들의 믿음은 말만 던져놓을 줄만 알았던 나에게 큰 도전이 되었다. 그래서 나는 비가와도 물놀이를 갈 테니 걱정하지 말라고 아이들을 위로했다. 그런데 비가 멈추기는커녕 더 많이 내리기 시작했다.

수영장으로 출발하기 위해 아이들을 승합차에 태우고 보니 몸이 벌써 비에 다 젖어있었다. 그제야 나는 차를 운전하며 하나님께 기도했다. "하나님, 비가 왜 이렇게 많이 내리는 거죠? 오늘 저희가 물놀이 하는 거 아시잖아요?" 그렇게 서운한 감정으로 기도를 할 때 내 마음속에 세미한 음성이 들렸다. "염려하지 말거라."

수영장에 도착해보니 많은 사람들이 물놀이를 멈추고 철수준비를 하고 있었다. 입장권을 끊으려하자 수영장 관계자가 나에게 물었다. "이렇게 비가 계속 오면 저희도 일찍 수영장 폐장합니다. 그래도 입장하실 거예요?" 나는 그 말을 듣고 조금 흔들리기는 했지만 아이들의 간절한 마음을 알았기에 그대로 강행하였다.

수영장에 입장해보니 우리 교회 아이들과 몇 명의 안전요원 외에는 아무도 없었다. 안전을 위해 기도를 한 뒤 아이들을 풀어놓았다. 잠시 후, 갑자기 비는 그치고 다시 햇빛이 비쳤다. 인파가 모두 사라진 드넓은 수영장은 우리 아이들의 독차지가 되었다. 감사의 눈물이 흘렀다. 우리를 근심하게 했던 빗방울이 하나님의 은혜를 깨닫게 하는 통로가 되었던 것이다. 그렇게 여름성경학교는 하나님과의 큰 추억을 선물로 남긴 채 아름답게 마무리되었다.

며칠 뒤 친분이 있는 후배 전도사님에게 전화가 왔다. "형, 여름 수련회 마지막 날입니다. 아이들과 함께 물놀이 하는데 비가 너무 많이 옵니다. 기도해주세요." 그래서 나는 내가 경험했던 놀라운 하나님의 은혜를 나누어주었다. 그리고 몇 시간이 지나 전도사님은 내게 문자 한 통을 보내주었다. 그 문자에는 텅 빈 수영장에 서있는 전도사님의 사진과 함께 이런 글이 적혀있었다. '수영장을 통째로 빌렸습니다!'

나는 이 모든 일이 결코 우연이라고 생각하지 않는다. 우리와 동행하시는 하나님께서 자신을 믿는 자녀들에게 주신 귀한 은혜의 선물이라고 확신한다. 그리고 그 은혜로 말미암아 우리의 믿음은 조금 더 깊어지고 넓어졌다.

## 다니엘의 신앙

다니엘이 이 조서에 왕의 도장이 찍힌 것을 알고도 자기 집에 돌아가서는 윗방에 올라가 예루살렘으로 향한 창문을 열고 전에 하던 대로 하루 세 번씩 무릎을 꿇고 기도하며 그의 하나님께 감사하였더라 – 단 6:10

위의 말씀은 다니엘의 신앙을 포괄적으로 내포하고 있다.

첫째로 성경은 다니엘의 신앙을 '알고도의 신앙'이라 말한다. 당시 바사의 왕이었던 다리오는 자신 외에 다른 신에게 절하는 자를 사자 굴에 넣어 처단하라는 금령을 내렸다. 하지만 다니엘은 그런 사실을 알고도 과감히 하나님을 향하여 예배를 드린다. 우리는 이 사실을 통해 변치 않는 다니엘의 신념을 엿볼 수 있다. 그는 자신이 하나님의 예배를 위해 존재한다는 사실을 믿었고 그것을 굳게 지켰던 것이다.

둘째로 성경은 다니엘의 신앙을 '행하던 대로의 신앙'이라고 말한다. 그에게 있어서 예배는 주일에 반짝 드리는 형식적인 신앙의 표식이 아니었다. 그에게 예배는 하루에 세 번씩 꼬박 챙겨먹는 식사와 같은 것이었다. 그만큼 다니엘에게 예배는 삶 그 자체였던 것이다.

셋째로 성경은 다니엘의 신앙을 '무릎 신앙'이라고 말한다. 다니엘이 무릎을 꿇었다는 것은 단순히 그가 겸손했다는 것을 나타내는 것만은 아니다. 나는 그의 자세를 통해 그의 예배가 회개에 집중되어있음을 느낄 수 있었다. 아마도 다니엘은 하나님께서 사람의 중심을 살피시는 분이라는 것을 일찍 깨달았던 것 같다. 그래서 그는 혼자 있는 자리에서도 항상 바른 자세와 낮은 마음가짐으로 주님께 나아갔던 것이다.

마지막으로 성경은 다니엘의 신앙을 '감사의 신앙'이라고 말한다. 범사에 감사함이란 환경과 상황에 지배를 받는 것이 아니다. 어떤 상황에도 하나님의 인도하심을 확신하며 그분을 변함없이 신뢰하는 것을 가리킨다. 그런 점에서 볼 때 다니엘은 범사의 감사를 몸소 실천했던 자였다.

사실 당시 다니엘이 처한 상황은 감사가 나올 수 없는 상황이었다. 자신의 나라는 이방 나라에 빼앗겼고 자신은 포로로 끌려와 이방 나라의 종이 되어있다. 게다가 예배드리는 일도 이제는 고난과 핍박의 이유가 되어버렸으니 말이다. 하지만 다니엘은 이러한 상황에서도 하루에 세 번씩 예루살렘의 회복을 위해 기도하며 하나님께 감사했다.

다니엘의 신앙을 묵상하며 큰 도전을 받는다. 그의 신앙이 우리의 신앙이 되길 소망해본다.

## 부족함이 없으리로다

**전도자가 이르되 헛되고 헛되며 헛되고 헛되니 모든 것이 헛되도다 해 아래에서 수고하는 모든 수고가 사람에게 무엇이 유익한가** – 전 1:2-3

"죄에서 자유를 얻게 함은"(새찬송가 268장)은 내가 즐겨 부르는 찬양이다. 그런데 어리석게도 나는 그동안 성경이 말하는 자유함의 의미를 알지도 못한 채 의미 없는 노래만 불렀다.

　나는 신학교 졸업 후, 뜻을 같이하는 전도사님들과 사도행전에 나타난 초대교회를 모형으로 하는 공동체를 개척하였다. 물론 좋은 취지로 시작하였지만, 공동체 식구들의 생계를 어떻게 책임져야 할지 늘 근심이 되었다. 하지만 10년이 지난 지금 우리는 별 탈 없이 공동체를 유지하고, 기쁨과 감사가 넘치는 신앙생활을 감당하고 있다. 무엇보다 그동안 우리가 꿈꾸었던 장애인 복지시설과 교회까지 건축할 수 있었다.

　*"아담에게 이르시되… 내가 네게 먹지 말라 한 나무의 열매를 먹었은즉 땅은 너로 말미암아 저주를 받고 너는 네 평생에 수고하여야 그 소산을 먹으리라"*(창 3:17).
　전도서에 기록된 해 아래에서의 삶이 불행한 것은 그곳에서의 생계가 하나님의 도우심이 아닌 오직 사람의 수고로만 해결되기 때문이다. 그래서 사람들은 하늘(하나님)의 도우심을 바라보지 못하고, 오직 땅만을 응시하며 살아가게 된다. 이것이 성경이 말하는 죄의 속박인 것이다.

　*"여호와는 나의 목자시니 내게 부족함이 없으리로다"*(시 23:1). 하나님을 아버지로 부르는 자들은 자신의 능력이 아닌 하나님의 능력을 의지하고 살아간다. 그러다보니 그들은 자신들의 무능함을 쉽게 인정한다. 그들은 자신의 영화에 사로잡히지 않는다. 오

로지 자신들의 생계를 책임지시는 하나님께만 영광 돌리는 일에 집중할 뿐이다.

## 셔츠 한 벌

**예수께서 떡 다섯 개와 물고기 두 마리를 가지사 하늘을 우러러 축사하시고 떡을 떼어 제자들에게 주어 사람들에게 나누어 주게 하시고 또 물고기 두 마리도 모든 사람에게 나누시매** – 막 6:41

아내가 셔츠를 사 입으라고 오만 원을 주었다. 신이 난 나는 만 원짜리 다섯 장을 들고 백화점으로 향했다. 그러나 그 기분은 곧 사그라들었다. 그것은 내주하신 성령님의 근심이 내 마음에 전달되었기 때문이다. 가던 길을 멈추고 조용히 마음속에서 들려지는 성령님의 음성을 생각해본다. 그 순간 성령님은 공동체에 머물고 있는 형편이 어려운 전도사님을 생각나게 하셨다. 가을 초입인데 아직도 반팔을 입고 다니시는 전도사님의 셔츠를 구매하라고 마음을 주셨던 것이다. 하지만 나는 극구 부인한다. 내가 가진 돈이 많았더라면 그분에게 정장이라도 못 사줄까? 하지만 지금의 상황은 내 셔츠 한 벌 살 수 있는 돈뿐이다. 그렇게 내 이성이 만든 논리를 앞장세워 성령님의 음성을 부인하고 다시 백화점으로 향한다. 하지만 불편한 마음은 사라지지 않는다. 결국 짜증을 부리며 성령님께 승복한다. 전도사님의 셔츠를 구매하기로 한 것이다. 투덜거리며 백화점으로 향하는데 내 눈에 한 의류점포의 행사가 눈에 들어온다. 큼직한 90% 세일이라는 현수막 문구가 선명했다. 자세히 보니 유명 브랜드 제품이었다. 전도사님 취향에 맞는 셔츠를 골라 계산대로 가니 점원이 한마디를 한다. "오천 원입니다." 고급 브랜드 셔츠가 오천 원이라고? 더 충격적인 것은 그날 매장에 있는 제품이 모두 오천 원 균일가였다.

나는 다시 옷을 골랐다. 전도사님의 셔츠도 한 장 더 사고 양복도 구매했다. 그래도 이만 원을 넘지 않는다. 나는 내 셔츠와 양복도 구매했다. 이 모든 옷을 구매하고 내가 지불한 금액은 4만 원이었다. 만약 나의 이기심으로 성령님의 음성을 거부했다면 어땠을까? 아마도 그날 나를 인도하신 하나님의 기적은 경험할 수 없었을 것이다. 나는 집으로 돌아오는 차 안에서 감사의 눈물을 흘렸다. 내 것을 헌신하게 되면 나와 내 이웃의 배를 모두 채울 수 있음을 깨달았기 때문이다.

## 날마다 새롭게

**온 땅이여 여호와께 노래하며 그의 구원을 날마다 선포할지어다**
- 대상 16:23

내가 시무했던 교회의 어느 여 집사님에 관한 이야기다. 그 집사님은 어려서부터 부모에게 받은 상처를 치료받기 위해 노력했다. 자주 기도원을 방문했고 금식기도를 했다. 또한 유명한 목사님의 집회에 참석하여 안수기도를 받기도 했다. 심지어 비싼 비용을 지불해가며 최면치료까지 받기도 했었다. 하지만 그렇게 노력할 때는 차도가 있는 듯 했지만 시간이 지나면서 그녀는 다시 부정적인 생각과 원망에 사로잡히고 말았다.

당신은 하나님께서 어떻게 심령을 치료하신다고 생각하는가? 혹시 앞서 언급한 것처럼 유명한 목사님께 안수기도를 받고 금식과 철야집회를 하면 심령이 치료된다고 믿는가?

교리적으로 중생이란 하나님의 입장에서는 단번에 이루어지는 것이 맞다. 하지만 시간과 공간에 매여 있는 우리에게 거듭남이란 날마다 이루어야 하는 과제인 것이다. 그러므로 하나님께서는 단 한 번의 기적을 통해 성도가 변화되는 것을 원하시지 않는다. 만약 그것이 가능하여 성도가 치유된다 해도 그는 더 이상 하나님을 찾지 않을 것이 뻔하다.

*"예수께서 대답하여 이르시되 열 사람이 다 깨끗함을 받지 아니하였느냐 그 아홉은 어디 있느냐 이 이방인 외에는 하나님께 영광을 돌리러 돌아온 자가 없느냐 하시고"*(눅 17:17-18).

기독교 신학을 정립한 사도 바울의 삶을 묵상해보라. 그는 평생을 안질로 고생했던 환자였다. 하지만 그는 오히려 그러한 자신의 처지에 감사했다. 자신의 연약함을 매개로 날마다 하나님을 찾고 그와 동행할 수 있으니 말이다. 나는 이러한 사도 바울의 반응이 성경에서 말하는 참된 치료라 믿는다.

## 기적은 말씀을 기억하는 자가 경험한다

**또 다윗이 이르되 여호와께서 나를 사자의 발톱과 곰의 발톱에서 건져내셨은즉 나를 이 블레셋 사람의 손에서도 건져내시리이다 사울이 다윗에게 이르되 가라 여호와께서 너와 함께 계시기를 원하노라** – 삼상 17:37

우리 부부는 가정 예배를 드릴 때마다 사랑하는 딸에게 하나님의 말씀을 재미있게 전달하려고 노력한다. 그래서 우리는 성경 내용을 토대로 즉석 연기를 펼치기도 하고, 때로는 감정을 넣어 목소리로 상황을 연출한다. 그래서 그런지 딸은 날마다 드리는 가정 예배 시간을 몹시 기다린다.

언젠가 딸에게 다윗 이야기를 들려주었다. 양을 치던 다윗이 곰과 사자를 만날 때마다 하나님을 의지하여 위기를 모면했다는 내용이었다. 나는 성경 이야기를 마무리하며 어려운 일이 생길 때마다 다윗처럼 꼭 하나님께 기도하라고 딸에게 당부하였다. 가정 예배를 마친 뒤, 딸은 일찍 잠자리에 들었다. 왜냐하면 다음 날은 학교에서 소풍을 가기로 한 날이었기 때문이었다.

그리고 그날 저녁 소풍을 다녀온 딸은 가정 예배를 드리던 중 다짜고짜 할 얘기가 있다며 입을 열었다. "아빠, 다윗이 무서울

때 하나님께 기도했고, 하나님이 다윗의 기도를 들어주셔서 곰하고 사자하고 호랑이를 다 죽였잖아. 나도 오늘 하나님한테 기도했어. 오늘 소풍 가는 버스에서 우리 반에 어떤 애가 자꾸 나를 놀리고 괴롭혔어. 그래서 내가 다윗처럼 '하나님, 이 친구가 나를 괴롭히지 않게 해주세요. 귀찮게 해서 너무 제가 힘들어요.' 그런데 그 애가 갑자기 멀미를 하면서 토를 하기 시작했어. 그래서 소풍 가서 놀지도 못하고 혼자 차에만 계속 있었어. 아빠, 하나님이 나를 도와주셔서 그 애를 혼내 준 거 맞지? 그렇지?"

우리 부부는 진지한 딸의 이야기를 듣고 한참을 웃었다. 어떤 대답을 해주어야 할지 난감하기도 했지만 나는 딸의 믿음만큼은 인정해주고 싶었다. "맞아. 하나님께서 네 기도에 응답하신거야"

대부분의 성도들은 기적이 있다고 말하면서도 자신의 삶에서 기적이 일어날 것을 기대하지 않는다. 그러나 이것은 기적을 믿지 않는다는 것을 드러내는 반증이기도 하다.

지금 이 시간에도 많은 성도의 삶 가운데에는 하나님의 크고 작은 역사들이 나타나고 있다. 단지 그것을 경험하는 성도들이 그것이 하나님께서 허락하신 은혜인 것을 느끼지 못할 뿐이다. *"말씀이 육신이 되어 우리 가운데 거하시매"*(요 1:14). 그들이 그렇게 느끼지 못하는 이유는 하나님께서 주신 말씀을 망각하며 살아가기 때문이다. 만약 우리가 삶에서 말씀이 되신 예수님과 동행한다면 우리의 삶에 일어나는 모든 일들이 은혜요 깨달음이 될 것이다.

## 은사가 많은 것은 결코 축복이 아니다

한 사역자가 있었다. 그는 모든 일에 다재다능한 사람이었다. 하지만 그는 자신의 소명에 충실하지 않았다. 왜냐하면 자신의 능력으로 감당할 수 있는 일들이 너무 많다 보니 사역보다는 다른 일에 더 많은 시간을 할애했던 것이다.

나는 하나님의 음성을 듣는 것 그리고 그 말씀을 기록하고 전하는 것을 은사로 소유한 사람이다. 나는 그런 일을 할 때가 가장 행복하다. 그래서 나는 많은 은사를 허락하지 않으신 하나님께 오히려 감사하고 있다. 내가 많은 은사를 소유했더라면 아마도 그 사역자처럼 나의 능력과 재능을 드러내는 일에 신경 쓰느라 정작 사역과 말씀 묵상에 집중하지 못했을 것이 분명하기 때문이다.

*"마르다는 준비하는 일이 많아 마음이 분주한지라"*(눅 10:40). 어느 날 예수님께서 마리아와 마르다의 집을 찾으셨다. 예수님의 방문에 마르다는 준비하는 일이 많아 마음이 분주해졌다. 우리는 이러한 상황을 통해 그녀가 다양한 은사를 지니고 있었음을 생각해볼 수 있다. 이에 비해 동생 마리아의 은사는 드러나 보이지 않는다. 왜냐하면 마리아는 마르다의 일에 흥미를 갖지 못했기 때문이다. 하지만 마리아에게는 한 가지의 강력한 은사가 있었다. 그것은 바로 예수님의 말씀을 경청하는 것이었다.

"예수께 나아가 이르되 주여 내 동생이 나 혼자 일하게 두는 것을 생각하지 아니하시나이까 그를 명하사 나를 도와 주라 하소서"(40절). 마르다는 보다 못해 예수님께 하소연한다. 예수님께 마리아가 자신을 도울 수 있도록 꾸짖어 달라는 것이었다. 그때 예수님께서는 분주하고 무질서한 마르다에게 이렇게 말씀을 하신다. "*몇 가지만 하든지 혹은 한 가지만이라도 족하니라 마리아는 이 좋은 편을 택하였으니 빼앗기지 아니하리라 하시니라*"(42절).

예수님께서는 은사가 많아 분주한 삶을 사는 것보다 한가지의 은사를 갖더라도 그것에 집중하며 하나님과 동행하는 삶이 더 가치 있는 것이라 말씀하셨던 것이다.

## 가정 안에서 본이 되는 신앙

**그가 경건하여 온 집안과 더불어 하나님을 경외하며 백성을 많이 구제하고 하나님께 항상 기도하더니** – 행 10:2

나는 복을 많이 받은 사람이다. 내가 가진 많은 복들 가운데 가장 으뜸을 꼽는다면 바로 부모님이시다. 부모님은 항상 신앙을 최우선으로 생각하시는 정말 훌륭하신 분들이다. 내가 이렇게 나의 부모를 존경할 수 있는 것은 어려서부터 내 눈에 비친 그들의 삶이 내게 큰 교훈이 되었기 때문이다.

목회자이신 어머니는 항상 기도하시는 분이셨다. 한번은 어머니와 함께 버스를 탔는데 주위에서 수군거리는 소리가 들렸다. 어머니께서 버스 좌석에 앉아서 방언으로 기도하셨기 때문이었다. 그 당시 철이 없던 어린 나는 어머니의 그런 모습이 유별나다고 느껴져 늘 어머니를 부끄러워했다.

아버지는 작은 회사를 운영하셨다. 지금은 대부분의 회사들이 주오일제 근무를 하지만 당시에는 야근과 휴일근무가 다반사였다. 그런데 한 기업의 대표인 아버지는 주말과 휴일에는 회사일에 관여를 하지 않으셨다. 매주 가까운 병원을 방문하셔서 환자들을 대상으로 복음을 전하셨기 때문이었다.

초등학생이었던 시절 아버지와 함께 병원 전도를 나간 적이 있었다. 그날 아버지께서는 각 병실을 방문하시면서 환자들에게 열정적으로 복음을 전하셨다. 그런데 많은 사람들이 복음을 전하는 아버지에게 큰소리로 욕을 하며 냉대하였다. 아버지 옆에 있던 나는 그것이 싫어 병원을 도망쳐 나왔다. 아버지께는 배가 아프다고 거짓말을 했지만 사실은 남들에게 욕먹는 아버지와 함께 있는 것이 창피했기 때문이었다. 하지만 그렇게 유별났던 부모님들의 신앙은 나와 형에게 큰 영향을 주었다. 우리 형제 모두가 목회자가 되었으니 말이다.

성경은 니고데모가 온 집안과 더불어 하나님을 경외했던 사람이라 기록하고 있다. 다시 말해 니고데모는 가족 구성원 모두가 하나님을 예배할 수 있도록 힘쓰는 경건한 가장이었던 것이다 *"이르되 주 예수를 믿으라 그리하면 너와 네 집이 구원을 받으리라 하고"*(행 16:31). 성경은 우리가 니고데모와 같이 삶에서의 신앙생활을 실천한다면 가족 구성원 모두가 하나님께 구원을 받게 될 것이라고 말한다.

## 부르짖으라

**여호사밧을 보고 그들이 이르되 이가 틀림없이 이스라엘의 왕이라 하고 돌이켜 그와 싸우려 한즉 여호사밧이 소리를 지르는지라 병거의 지휘관들이 그가 이스라엘의 왕이 아님을 보고 쫓기를 그치고 돌이켰더라**
- 왕상 22:30-33

아내의 다급한 전화를 받았다. 딸이 넘어졌는데 팔이 부러진 것 같다는 것이었다. 그래서 나는 아내에게 가까운 병원 응급실로 찾아가라고 했다. 그리고 나도 서둘러 병원으로 향했다. 응급실 문 앞에 이르렀을 때 딸의 울음소리가 들렸다. 대기 환자가 많아 그대로 기다리고 있었던 것이다. 나는 딸을 위로하고 아내에게 물었다. "기도했어요?" 나의 질문에 아내는 경황이 없어 기도를 하지 못했다고 대답했다. 미처 기도하지 못하고 당황한 아내를 진정시키고 주위 환경에 상관없이 딸을 붙잡고 기도를 하였다. 그 순간 나는 신기한 체험을 했다. 기도를 하는 동안 내가 잡고 있는 딸의 팔 근육이 강하게 움직이는 것을 느꼈던 것이다. 나는 그 느낌을 통해 우리의 기도가 하나님께 상달되었음을 확신할 수 있었다. 나는 딸에게 이렇게 말했다. "하나님께서 너를 치료하셨어. 그러니까 너는 이제 스스로 팔을 올릴 수 있을 거야." 나의 말을 들은 딸은 고통 없이 팔을 움직이기 시작했다. 우리의 기도를 들으신 하나님께서 딸의 팔을 치료해주셨던 것이다. 우리 가족은 그렇게 의사 진찰을 받지 않고 집으로 돌아왔다.

위의 성경에 등장하는 남 유다의 4대 왕 여호사밧은 기도로 목숨을 부지했던 인물이었다. 북이스라엘과 연합하여 아람과 전쟁에 임했던 그는 전쟁 중 자신의 신분이 탄로나 절체절명의 위기에 처한다. 얼마나 위급한 순간이었던지 성경은 그가 그 상황에서 고함을 쳤다고 기록하였다. 물론 그의 그러한 행위는 위험 앞에서 내뱉는 단순한 외침만은 아니었다. 그의 외침은 하늘을 향한 짧고 간절한 기도였던 것이다. 하나님은 그의 간구를 들으셨다. 한참을 쫓던 아람의 군사들은 그가 이스라엘 연합군의 왕이었다는 것을 확신했지만 돌연 쫓기를 그치고 돌이켜 버렸다.

*"볼지어다 내가 문 밖에 서서 두드리노니 누구든지 내 음성을 듣고 문을 열면 내가 그에게로 들어가 그와 더불어 먹고 그는 나와 더불어 먹으리라"*(계 3:20).

하나님은 인격적이신 분이다. 그래서 그분은 우리의 생각을 존중해주신다. 만약 하나님께서 사람의 생각을 소중하게 여기지 않으셨다면 자유의지를 주시지 않으셨을 것이다. 위의 말씀이 그것을 증명한다. 물론 하나님께서는 우리의 동의 없이도 우리의 심령에 출입이 가능하시지만 우리의 의지가 하나님을 향하여 열려지길 기다리신다. 이러한 인격적인 하나님의 역사는 응답받는 기도의 원리에도 그대로 적용된다. 하나님께서는 이미도 우리의 모든 상황과 처지를 알고 계신다. 하지만 우리가 기도를 통해 자신의 상황을 아뢰지 않는다면 하나님께서는 결코 개입하지 않으신다.

*"너는 내게 부르짖으라 내가 네게 응답하겠고 네가 알지 못하는 크고 은밀한 일을 네게 보이리라"*(렘 33:3).

기도해야 한다. 기도해야만 응답을 목도할 수 있고 그러한 경험으로 말미암아 하나님의 영광을 위한 원대한 소망을 품을 수 있다. 나는 믿음의 선조들이 경험했던 모든 하나님의 은혜가 오늘날 기도하는 성도들에게 동일하게 역사한다고 확신한다.

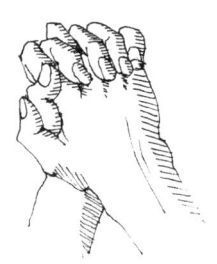

## 가정교육

한때 영국의 수학 천재로 불렸던 수피아 유소프(Sufiah Yusof)라는 소녀가 있었다. 그녀는 아버지에게 교육을 받았던 인재였다. 유능한 교사였던 그의 아버지는 자녀들을 스파르타식으로 가르쳤는데, 집중력 향상을 이유로 차가운 방에서 공부를 시키고 또 주기적으로 명상을 하도록 했다. 또한 학습 시간 이외에는 지칠 때까지 테니스를 치도록 강요했다. 이러한 교육 방식은 유소프를 열세 살에 옥스퍼드 대학교에 우수한 성적으로 입학하는 효과가 있었다.

그런데 2년 후, 중간고사를 치루고 유소프가 돌연 가출을 했다. 며칠 뒤 카페 종업원으로 일하는 유소프를 발견했지만 그녀는 가정으로의 복귀를 강하게 거부하였다. 유소프는 자신의 아버지가 자신을 정신적 혹은 육체적으로 학대했다고 주장했던 것이다. 결국 유소프는 사회복지시설을 거쳐 양부모에게 입양되었다. 그렇게 시간이 흘러 10년이 지났다. 한때 수학 천재로 인정받던 유소프는 길거리 성매매 여성의 삶을 살고 있었다.

전도서를 기록한 솔로몬은 세상의 모든 부귀와 영화를 누렸던 왕이었다. 하지만 그는 그러한 자신의 삶이 모두 허탄한 것이라 고백하였다(전 1:2). 그리고 사랑하는 아들에게 자신이 깨달은 진정한 가치에 대해 이렇게 진심 어린 조언을 한다. *"내 아들아 또 이것들로부터 경계를 받으라 많은 책들을 짓는 것은 끝이 없고 많*

*이 공부하는 것은 몸을 피곤하게 하느니라 일의 결국을 다 들었으니 하나님을 경외하고 그의 명령들을 지킬지어다 이것이 모든 사람의 본분이니라 하나님은 모든 행위와 모든 은밀한 일을 선악간에 심판하시리라"*(12:12-14).

이처럼 솔로몬은 자신의 경험을 통하여 하나님을 경외하고, 다만 그의 명령을 지키는 것이 가장 가치 있는 인생임을 자녀에게 가르치고 있는 것이다.

## 동행은 영생을 이룬다

**그 후에 남은 처녀들이 와서 이르되 주여 주여 우리에게 열어 주소서 대답하여 이르되 진실로 너희에게 이르노니 내가 너희를 알지 못하노라 하였느니라 그런즉 깨어 있으라 너희는 그 날과 그 때를 알지 못하느니라**
− 마 25:11-13

마태복음 25장에 기록된 '열 처녀 비유'는 성도의 영적 상태를 깨우치는 아주 소중한 교훈을 담고 있다. 슬기로운 처녀들과 미련한 처녀들은 모두 등을 준비하여 신랑을 기다리고 있었다. 이처럼 그들은 신앙생활을 하며 메시야를 기다리는 성도였다. 하지만 성경은 그들 모두가 신랑의 부르심을 입은 것이 아니라고 말한다. 슬기로운 신부들은 기름을 준비하여 신랑이 올 때까지 불을 밝히고 기다리지만, 미련한 신부들은 기름이 떨어져 사러 간

사이에 신랑이 오므로 혼인 잔치에 들어갈 수 없었던 것이다.

*"영생은 곧 유일하신 참 하나님과 그가 보내신 자 예수 그리스도를 아는 것이니이다"*(요 17:3). 많은 성도들이 이 말씀을 오해하여 성도의 구원이 그가 노력하여 얻은 지식으로 이뤄진다고 믿는다. 하지만 성경은 '예수그리스도를 아는 것'을 성경의 해박한 지식만으로 표현하지 않는다. *"나는 선한 목자라 나는 내 양을 알고 양도 나를 아는 것이"*(10:14). 오히려 성경은 성도가 하나님과의 인격적인 관계를 통해 그분을 이해하는 것이 참된 구원의 표징이라 말하고 있다. 그러므로 하나님께 선택된 성도라면 교회 안팎의 모든 자리에서도 하나님과의 관계는 올곧고 신실해야 하는 것이다.

슬기로운 처녀들이 신랑과 함께 천국(혼인잔치)에 입성했을 때 문은 닫혀버렸다. 이에 유기된 처녀들은 그 잠긴 문이 다시 열리길 바라며 절규한다. 그러한 상황에서 신랑 되신 예수님께서 미련한 처녀들에게 이렇게 말씀하신다. *"내가 너희를 알지 못하노라"* (마 25:12).

우리가 삶에서 살아계신 하나님과 관계를 맺지 못한다면 우리는 아무리 오래 교회를 다녔어도, 결코 구원에 이를 수 없을 것이다. 명심하자. 궁극적인 신앙생활의 목표는 교회를 넘어 삶에서 하나님과 동행하는 것이다.

## 하나님이 주신 양복

**여호와께서는 자기에게 간구하는 모든 자 곧 진실하게 간구하는 모든 자에게 가까이 하시는도다** – 시 145:18

　목사안수식를 앞둔 나는 양복을 구입하기 위해 아내와 함께 백화점을 방문하였다. 우리 부부는 한참을 그곳에서 직분에 걸맞은 단정한 양복을 찾았지만, 문제는 가격이었다. 주머니 사정이 좋지 않았던 우리는 디자인은커녕 형편에 맞는 옷을 찾을 수가 없었다. 그러던 중 아내가 나에게 따가운 일침을 가한다. "여보, 기도해야 해요. 기도 없이는 작은 일도 하나님의 응답을 받을 수가 없어요." 물론 백 번 옳은 말이었지만 그러한 상황에서 아내의 조언은 따갑게만 들렸다. 하지만 아내는 더 이상 채근하지 않고 내가 기도할 수 있도록 격려했다. 그렇게 우리 부부는 하나님의 도우심을 바라며 짧지만 간절한 기도를 올려드렸다. 하지만 우리는 끝내 양복을 찾지 못하고 발길을 돌려야 했다.

　그렇게 집으로 향하고 있는데, 길거리 어느 양복 매장의 세일 광고가 눈에 들어왔다. 아내의 권유로 가게에 들어섰지만 큰 기대를 갖지 않았다. 그런데 익숙한 찬양 음악이 흘러나와 부담감은 사라졌다. 왠지 하나님의 인도하심이 느껴졌다. 우리는 나에게 맞는 양복을 찾았다. 하지만 마찬가지로 가격이 문제였다. 대부분의 상품을 세일했지만 상품이 워낙 고가이다 보니 우리 형편에 엄두가 나지 않았던 것이다. 그런데 그때 매장 주인이 우리 부부에게 다가와 찾는 제품이 무엇인지 물었다. 나는 나의 신분을 밝히고 상황에 대해 솔직하게 이야기했다. 그랬더니 갑자기 주인은 저렴한 이월 상품이 있다며 매장 한 구석으로 우리 부부를 인도했다. 그곳에는 우리 부부의 마음에 쏙 드는 단정한 양복 두 벌이 있었다. 무엇보다 그 양복이 마음에 들었던 것은 가격이었다. 주인이 소개한 이월상품은 우리가 가진 돈으로도 구매가 가능했던 것이다. 그래서 나는 아내와 상의를 한 후, 남색 양복 한 벌을 구입하기로 결정했다.

계산을 하려는데 매장 주인이 양복 두 벌을 모두 포장하며 이렇게 이야기한다. "제 아들도 전도사인데 지금 그 녀석도 어렵게 사역하고 있지요. 그래서 그런지 꼭 아들을 보는 것 같네요. 양복 한 벌은 하나님께 드리는 제 선물입니다."

## 감사는 은사다

사탄이 접근하면 우리의 감정은 우리도 모르는 사이 서서히 변질된다. 하나님에 대한 감사를 잊고 불평과 불만을 쏟아놓게 되는 것이다. 그리고 이러한 불평과 불만은 신앙의 변질을 초래하여 우리로 하여금 죄를 범하도록 이끈다.

아담과 하와의 행동을 살펴보면 그 사실이 더욱 명백해진다. 아담은 하나님께 돕는 베필(하와)을 허락받은 뒤 이렇게 감사의 고백을 올렸다. *"내 뼈 중의 뼈요 살 중의 살이라"*(창 2:23). 하지만 아담의 마음은 사탄의 계략으로 선악과를 취한 뒤 변질되었다. *"아담이 이르되 하나님이 주셔서 나와 함께 있게 하신 여자 그가 그 나무 열매를 내게 주므로 내가 먹었나이다"*(12절). 아담은 자신이 죄를 범한 까닭을 하와의 탓으로 돌리며 그녀와 하나님을 원망했던 것이다.

*"돌을 옮겨 놓으니 예수께서 눈을 들어 우러러 보시고 이르시되 아버지여 내 말을 들으신 것을 감사하나이다"*(요 11:41). 이 말씀은 예수님께서 사망한 나사로를 마주하는 장면을 묘사한 것이다. 그런데 이러한 안타까운 상황에서 예수님께서는 오히려 하늘을 우러러 하나님께 감사하는 모습을 보여주신다.

그렇다면 왜 예수님께서는 자신의 제자가 유명을 달리했는데 감사하셨던 것일까? 이것은 예수님께서 마귀의 권세를 이길 수 있는 신비한 능력이 '감사' 안에 내제되어있음을 우리에게 알리려하셨던 것이다. 결국 감사의 기도로 말미암아 나사로는 사망의 권세를 이기고 다시 살 수 있었다.

"감사로 제사를 드리는 자가 나를 영화롭게 하나니 그의 행위를 옳게 하는 자에게 내가 하나님의 구원을 보이리라"(시 50:23). 성경 인물 중에 가장 부러운 사람을 꼽는다면 나는 주저 없이 다윗을 선택할 것이다. 다윗은 하나님의 마음에 맞는 사람이라는 칭함을 받을 정도로 하나님께 신뢰를 받았기 때문이다(행 13:22). 그렇다면 다윗은 어떻게 하나님께 그런 인정을 받을 수 있었을까? 나는 그 이유를 다윗이 하나님께 드린 예배의 자세에서 찾았다.

다윗은 하나님께서 어떠한 제사를 기뻐 받으시는지 정확하게 알고 있었다. "그 때에 제사장들은 직분대로 모셔 서고 레위 사람도 여호와의 악기를 가지고 섰으니 이 악기는 전에 다윗 왕이 레위 사람들에게 여호와께 감사하게 하려고 만들어서 여호와의 인자하심이 영원함을 찬송하게 하던 것이라 제사장들은 무리 앞에서 나팔을 불고 온 이스라엘은 서 있더라"(대하 7:6). 다윗은 하나님께서 감사의 제사를 원하신다고 믿었다. 그래서 그는 제사를 위해 악기를 만들었고 그것으로 감사의 찬송을 드렸던 것이다.

감사는 명령이다. 그러므로 성도라면 누구나 범사에 감사해야 한다. 우리는 결코 감사가 지닌 힘을 간과해서는 안 된다. 감사는 예배의 완성을 이루고 악한 마귀의 권세를 이길 수 있는 은사이기 때문이다.

## 제발 순수해지자

**예수께서 그 어린 아이들을 불러 가까이 하시고 이르시되 어린 아이들이 내게 오는 것을 용납하고 금하지 말라 하나님의 나라가 이런 자의 것이니라** – 눅 18:16

아내가 배를 깎아주었다. 달고 맛있다. 딸이 내가 있는 곳으로 오더니 배를 포크로 찍어 하늘을 향해 올린다. 나는 딸에게 물었다. "지금 뭐하는 거야?" 딸이 대답한다. "하나님 먼저 먹으라고…" 순간 나는 무안해졌다. 나는 기도도 안하고 먹었는데…

저녁이 되어 가정예배를 드렸다. 딸이 대표기도를 자원했다. "하나님, 요즘 날씨가 춥습니다. 감기 조심하세요. 하나님 오래 오래 사세요. 예수님의 이름으로 기도합니다 아멘." 아내와 나는 딸의 기도 때문에 한참을 웃었다. 그런데 그 웃음은 나중에 시쳇말로 '썩소'가 되었다. 왜냐하면 나와 아내에게는 그런 순수함이 없었기 때문이었다.

어린아이와 같이 순수해야 천국을 소유할 수 있다.

주언 목사, 제발 순수해지자…

## 하나님은 부족한 사람을 선택하셨다

그런데 뱀은 여호와 하나님이 지으신 들짐승 중에 가장 간교하니라 뱀이 여자에게 물어 이르되 하나님이 참으로 너희에게 동산 모든 나무의 열매를 먹지 말라 하시더냐 – 창 3:1

사탄이 하는 질문은 우리에게 정답을 알려주고자 함이 아니다. 우리를 미혹하여 죄로 이끌려하기 위함이다. 여기 뱀(사탄)의 질문이 그렇다. 오직 사람을 시험하여 하나님과의 관계를 차단하기 위한 간계일 뿐이다.

성경에서는 뱀이 들짐승 중에 가장 간교하다고 말한다. 여기서 사용된 '간교'라는 단어는 히브리어 '아룸'을 번역한 것인데 이 단어는 간교하다는 뜻과 함께 '명석하다' 혹은 '영리하다'라는 뜻으로 쓰인다. 다시 말해, 뱀은 하나님께서 창조하신 동물 중에 가장 두뇌가 명석했던 것이다. 그래서 뱀은 하나님께서 선악과를 금하신 이유를 잘 알고 있었다. 그런데 뱀은 지금껏 그것을 모른 체하며 하와에게 엉뚱한 질문을 던지고 있다.

그렇다면 과연 뱀의 의도는 무엇일까? 뱀은 분명 하나님과 사람의 관계를 질투했을 것이다. 자신의 입장에서 생각하면 가장 명석한 짐승으로 창조된 자신(뱀)이 하나님의 대리자로 선택 받는 것이 논리적이라 믿었지만 하나님께서는 뱀이 아닌, 그보다 어수룩한 사람을 선택하셔서 자신의 일을 위임하셨기 때문이다. 그래서 성경에 기록된 뱀의 질문은 사람을 넘어뜨리기 위한 유혹이고, 하나님의 선택이 잘못되었음을 증명하기 위한 계략이었던 것이다.

그래서 신앙생활을 하는 성도에게 있어 뛰어난 지능은 어쩌면 그렇게 큰 축복이 아닐지도 모른다. 왜냐하면 성령의 다스림을 받지 않는 사람의 이성은 결코 하나님의 영광을 이루는 도구로 사용될 수 없기 때문이다.

*"뱀이 여자에게 이르되 너희가 결코 죽지 아니하리라"*(창 3:4). 뱀이 내뱉은 말을 깊이 묵상해 보라. 그의 명석한 머리가 무엇을 말하고 있는가? 하나님의 말씀이 그릇되다 주장하는 것이다. 하나님께서는 사람이 선악과를 취하게 되면 정녕 죽을 것이라고 말씀하셨지만, 뱀은 자신의 논리로 그것이 불가능한 일이라 하나님을 조롱하는 것이다.

우리 어머니께서 내게 자주 하시던 말씀이 생각난다. "사람이 조금 어수룩해야 하나님께 쓰임 받는다." 지난날 어머니의 말씀이 이제 성경을 통해 조금씩 이해되기 시작한다.

## 게으름

**게으른 자여 개미에게 가서 그가 하는 것을 보고 지혜를 얻으라** – 잠 6:6

우울증을 앓고 있는 한 형제와 상담한 적이 있다. 그는 명문대를 졸업한 인재였지만 취직을 못하고 깊은 우울감에 시달리고 있었다. 게다가 사람들과의 관계를 거부하며 은둔생활에 빠져있었다. 나는 그를 위해 작정하며 기도하였고 그의 우울증이 '게으름'에서 비롯되었다는 것을 알 수 있었다. 사실 그는 취직을 못하는 것이 아니었다. 어떤 노력도 기울이지 않고 환경을 탓하며 허송세월을 보내고 있는 것을 합리화하고 있었던 것이다.

마귀의 음성은 게으름 속에서 더욱 크게 들린다. *"저녁 때에 다윗이 그의 침상에서 일어나 왕궁 옥상에서 거닐다가 그 곳에서 보니 한 여인이 목욕을 하는데 심히 아름다워 보이는지라"*(삼하 11:2). 이스라엘은 전쟁 중이었다. 하지만 다윗은 전장으로 나가지 않고, 무료에 빠져있었다. 그는 어리석게도 자신의 궁전 안에 머물며 태평하게 낮잠을 자고 있었던 것이다. 그런 상황에서 다윗의 눈에 들어온 것은 아리따운 여인의 벌거벗은 모습이었다. 결국 게으른 다윗은 간음한 왕이라는 불명예를 얻게 되었다.

쉼(안식)의 가치는 노동이 전제되는 삶에 있다는 것을 명심해야 한다. 그래서 일하지 않고 쉬는 것이 행복이라 생각하는 자는 결코 하나님께서 주시는 참된 안식을 깨달을 수 없는 것이다.

*"모세가 길을 가다가 숙소에 있을 때에 여호와께서 그를 만나사 그를 죽이려 하신지라"*(출 4:24). 하나님께서는 모세에게 자기의 뜻을 애굽에 있는 바로에게 전하라고 명령하셨다. 하지만 모세는 자신의 숙소에 머물며 그 일을 지체하였다. 이때 하나님께서는 게으른 모세를 죽이려하신다.

우리는 하나님께서는 결코 게으른 자를 사용하신 적이 없음을 깨달아야 한다. *"게으른 자는 그 부리는 사람에게 마치 이에 식초 같고 눈에 연기 같으니라"*(잠 10:26).

## 주를 뵈옵나이다

**어떤 사람이 예루살렘에서 여리고로 내려가다가 강도를 만나매 강도들이 그 옷을 벗기고 때려 거의 죽은 것을 버리고 갔더라 마침 한 제사장이 그 길로 내려가다가 그를 보고 피하여 지나가고 또 이와 같이 한 레위인도 그 곳에 이르러 그를 보고 피하여 지나가되** – 눅 10:30-32

신학도 시절의 일이다. 나와 같은 수업을 듣던 한 학생이 고가의 노트북을 수업시간에 들고 왔다. 그때만 해도 학생이 수업 시간에 노트북을 사용한다는 것은 매우 드문 일이었다. 그래서 나를 비롯한 많은 신학생들은 수업시간 내내 그 노트북을 힐끗힐끗 쳐다보며 몹시 부러워했었다. 그러던 어느 날, 그 학생의 노트북이 도난당하는 일이 벌어졌다. 그 일로 인해 한동안 신학교는 떠들썩했고 한참이 지난 뒤 강의실에 설치되어 있었던 방범카메라를 통해 범인이 같은 과 동료로 밝혀졌다.

예수님의 공생애 당시 바리새인들은 겉치레에 신경 쓰는 자들이었다. 이러한 외식은 올무가 되어 그들의 그릇된 시각을 그대로 드러내고 있다. 바리새인들은 하나님보다 눈에 보이는 사람들만을 의식했던 부류들이었다. 그런 그들이 강도를 만나 거반 죽게 된 이웃을 만났다. 그런데 그들은 모두 곤경에 빠진 이웃을 모른 채 지나가 버렸다. 그들 나름대로의 이유가 있었을 것이다. 하지만 한 사마리아 사람은 그러한 이웃을 불쌍히 여겨 그를 치료하고 데리고 와서 돌보았다. 그리고 자신의 돈을 털어 간병을 부탁했다.

성경은 우리에게 이들의 서로 다른 시각을 보여준다. 곤경에 처한 이웃을 발견한 제사장과 레위인은 주위에 자신을 지켜보는 자가 없음을 인지하고 선행의 기회를 박차버렸지만, 사마리아 사람은 누가 있든지 없든지 간에 하나님의 말씀을 기억하여 어려운 상황에 처한 사람에게 선한 이웃이 되어주었다.

앞서 언급된 신학생의 잘못은 노트북을 훔친 것만이 아니다. 그의 진정한 실수는 자신을 바라보시는 하나님을 의식하지 못했던 것이다.

## 롯의 처를 기억하라

**롯의 처를 기억하라** - 눅 17:32

그릇의 가치는 그릇 자체에 있는 것이 아니라 담겨진 내용물에 있다. 그러므로 우리는 항상 우리의 시선에 주의해야 한다. 왜냐하면 우리가 보는 것이 마음에 담기게 되기 때문이다. 그래서 성경은 *"몸의 등불은 눈이라"*(눅 11:34) 했다.

단기선교로 일본을 방문했을 때의 일이다. 현지에서 사역하시는 선교사님께서는 우리에게 일본에는 사람의 영혼을 사로잡는 귀신들의 역사가 많다고 하시며 주의를 당부하셨다. 그런 권면을 듣고 나는 어리석게도 실제 귀신이 나타나 사역을 방해할 것이라고 생각했다. 하지만 선교 기간 중 염려했던 문제나 사고는 발생하지 않았다. 그렇게 일본에서의 일정이 하루하루 지나고 있을 때 선교사님께서 우리에게 이런 질문을 하셨다. "여러분, 기도로 깨어있으십니까? 일본이라는 곳이 왜 마귀가 지배하는 곳인지 알아야 합니다. 일본은 우리의 시각을 미혹하는 것이 너무 많아서 우리가 정신 차리지 않으면 그것들에 사로잡혀 하나님을 의식할 수 없게 됩니다."

일본은 볼거리가 참 많은 곳이었다. 가는 곳마다 처음 보는 신기한 것들이 나의 눈을 미혹했다. 우리는 선교를 하기 위해서 그곳을 방문했지만 정작 우리의 신앙은 멈춘듯했다.

*"믿음의 주요 또 온전하게 하시는 이인 예수를 바라보자"*(히 12:2). 롯의 처는 소금기둥이 되었다. 그녀가 허탄한 세상 것들을 바라보았기 때문이었다. 우리가 롯의 처와 같은 저주를 피하기 위해서는 세상 것에 눈을 감고 영의 것에 눈을 뜨려는 노력이 필요하다.

## 기도는 기적을 낳는다

**예수께서 머물러 서서 그들을 불러 이르시되 너희에게 무엇을 하여 주기를 원하느냐 이르되 주여 우리의 눈 뜨기를 원하나이다 예수께서 불쌍히 여기사 그들의 눈을 만지시니 곧 보게 되어 그들이 예수를 따르니라**
- 마 20:32-34

언젠가 노방전도를 하다가 만났던 한 아이가 생각난다. 그 아이는 길에서 전도를 하고 있는 나를 한참동안 유심히 지켜보았다. 그래서 나는 그런 시선이 불편해 아이를 찾아가 왜 나를 쳐다보고 있는지를 물었다. 그랬더니 그 아이는 오히려 나에게 이렇게 반문한다. "아저씨, 목사님이에요?" 그래서 나는 내가 목사라고 대답했다. 그런데 이 녀석이 또 뜬금없는 질문을 한다. "아저씨, 기도하면 진짜 하나님이 소원도 들어줘요?" 그래서 나는 그 아이에게 모든 기도가 응답되는 것이 아니라 하나님의 영광을 위한 기도만이 응답이 된다고 설명해주었다. 나의 그런 설명을 차분히 듣던 아이는 나에게 이런 부탁을 했다. "아저씨, 저를 위해서 지금 기도해주세요. 제가 다리가 조금 아프거든요. 엄마는 내가 태어날 때부터 한쪽 다리가 불편했대요. 근데 저는 친구들하고 야구도 하고 싶고 축구도 하고 싶어요. 그러니까 아저씨가 기도 좀 해주세요." 그래서 나는 아이의 이름을 묻고 길에서 그 아이를 위해 간절히 기도해주었다. 아이는 내게 감사하다는 인사를 하고 떠나갔다. 그런데 녀석이 걸어가는 뒷모습을 보면서 나는 가슴이 먹먹해졌다. 녀석은 소위 절뚝발이라 불리는 장애인이었기 때문이었다.

　기적은 모든 성도에게 필요하다. 성도 스스로는 구원에 이를 자격이 없으니 성도의 구원자체가 기적이라 할 수 있다. 하지만 오늘날 기적을 바라는 성도들은 많지 않다. 그 이유는 그들이 자기 자신의 무능함과 유한함을 깨닫지 못하기 때문이다. 그런 어리석은 자들의 특징은 삶에 어떠한 문제가 발생하여도 결코 기도 동냥을 하지 않는다는 것이다.

　길을 가던 두 맹인들의 믿음이 우리에게 도전이 되는 이유가 여기에 있다. 그들은 자신들의 소망이 오직 예수님을 통해서만 실현될 수 있다고 믿었다. 그래서 그들은 예수님께 자신의 눈을 치료해주실 것을 간구했던 것이다. 결국 그들은 기적의 주인공이 되었고 나아가 예수님을 따르는 제자가 될 수 있었다.

## 갈망을 통해 응답하신다

삭개오라 이름하는 자가 있으니 세리장이요 또한 부자라 그가 예수께서 어떠한 사람인가 하여 보고자 하되 키가 작고 사람이 많아 할 수 없어 앞으로 달려가서 보기 위하여 돌무화과나무에 올라가니… 예수께서 그 곳에 이르사 쳐다 보시고 이르시되 삭개오야 속히 내려오라 내가 오늘 네 집에 유

### 하여야 하겠다 하시니 – 눅 19:2–5

삭개오는 주일학교부터 귀에 못 박히도록 들어온 이야기의 주인공이다. 누가는 삭개오의 키가 작았다고 기록하였다. 그래서 나는 삭개오가 꼽추였거나 선천적인 장애를 가진 난쟁이가 아니었을까 생각해 본다. 어찌되었든, 삭개오는 예수님이 어떠한 사람인지 보고자 했지만, 키가 작아 많은 인파에 둘러싸인 예수님을 볼 수 없었다. 그럼에도 예수님을 보기 위하여 불편한 몸을 이끌고 돌무화과나무에 올라갔다.

*"삭개오야 속히 내려오라"*(눅 19:5). 그런데 예수님께서는 그런 삭개오를 이미 아시고 그의 이름을 불러주셨다. 이러한 상황은 예수님께서 세리장 삭개오를 만나기 위해 의도적으로 그 고을을 방문하셨다는 것을 시사한다. 흥미로운 것은 예수님께서 삭개오를 속히 찾지 않으셨고, 삭개오가 나무에 어렵게 올라간 것을 보신 후에야 그에게 다가가셨다는 것이다.

성도들 중에는 예수님의 실존을 의심하는 자들이 있다. 안타까운 것은 그들은 하나님을 만나기 위해 어떤 노력도 기울이지 않고 있기 때문이다. 우리는 삭개오의 교훈을 통하여 예수님께서는 오직 자신을 갈망하여 간절히 찾는 자에게 응답하시는 분임을 깨닫게 된다.

*"나를 사랑하는 자들이 나의 사랑을 입으며 나를 간절히 찾는 자가 나를 만날 것이니라"*(잠 8:17). 그렇다면 왜 하나님께서는 간

절히 구하는 자에게만 응답하시는 것일까?

언젠가 나는 하나님께서 주신 축복을 어려운 이웃들에게 유통하면서 하나의 교훈을 얻게 되었다. 그것은 오직 간절히 구하는 사람에게만 도움을 주어야 한다는 것이었다. 매번 많은 자들을 구제하며 느낀 것이었지만 간절함이 없이 도움을 받은 사람들은 하나님의 은혜를 쉽게 잊어버렸다. 하지만 반대로 간절함을 통해 도움을 받은 사람들은 자신이 받은 은혜를 항상 기억하고 하나님께 감사드렸다.

이처럼 쉽게 얻은 것은 쉽게 잊어버리기 마련이다. 간절한 기도 없는 신앙체험은 그 은혜가 오래가지 못한다.

## 신실한 친구

**친구여 내가 네게 잘못한 것이 없노라 네가 나와 한 데나리온의 약속을 하지 아니하였느냐 네 것이나 가지고 가라 나중 온 이 사람에게 너와 같이 주는 것이 내 뜻이니라** – 마 20:13-14

〈언터처블〉이란 영화를 아주 재미있게 본 적이 있다. 전신마비 백만장자와 무일푼 백수가 각자의 신분을 뛰어넘어 조금씩 마음을 열어가며 신실한 친구가 되는 관계를 코믹하게 그렸다. 가진 것은 몸뚱이 밖에 없는 빈민 청년은 백만장자의 도우미가 되어 부자가 경험하지 못했던 여러 재미있는 일들을 함께 경험한다. 실화라서 더욱 감동적인 이 영화를 중간쯤 보았을 때 문득 이런 생각이 들었다. "가난한 백수가 손과 발이 되어 헌신적으로 백만장자를 보살폈으니, 엄청난 보상을 받겠군." 나는 그렇게 영화의 결말을 기대하고 있었다. 그러나 내 예상은 빗나가고 말았다. 무일푼 청년의 헛된 요구도 없었고, 부자의 선심이나 부담도 없었다. 그들에게는 오직 신분과 인종을 초월하는 신뢰와 우정이 소중했던 것이다.

나는 영화가 끝날 무렵 내 안에 있는 불순한 동기를 확인할 수 있었다. "내 신앙생활의 동기는 무엇일까? 그동안 오직 나의 필요를 채우기 위해 하나님을 섬긴 것은 아닐까?" 부끄럽지만 스스로 던진 질문에 시원하게 답을 하지 못했다. 그만큼 내 중심이 헛된 것에 사로잡혀 있었던 것이다. 이런 나의 잘못된 신앙이 하나님께는 얼마나 큰 부담이 되었을까 자문을 해본다.

> 나 무엇과도 주님을 바꾸지 않으리
> 다른 어떤 은혜 구하지 않으리
> 오직 주님만이 내 삶에 도움이시니
> 주의 얼굴 보기 원합니다
> 주님 사랑해요 온 맘과 정성다해
> 하나님의 신실한 친구되기 원합니다.

나는 기복주의와 인본주의를 강하게 거부한다. 그들이 지닌 논리와 사상이 참된 신앙의 본질을 차단하기 때문이다. 하지만 그날 '나 무엇과도'라는 찬양을 부르며 깨닫게 되었다. 내가 단에 올라 신본주의, 복음주의를 강조했던 것은 결코 내가 의로워서가 아니었다. 나는 누구보다도 세상의 기운이 강한 사람이기에 그 문화를 벗어나고자 신본주의를 외쳐댔던 것이었다. 나는 아무런 축복이 없이도 하나님을 예배할 수 있는 목회자이고 싶다.

## 예수님을 통해 구원을 얻는 것 1

**아버지께 참되게 예배하는 자들은 영과 진리로 예배할 때가 오나니 곧 이 때라 아버지께서는 자기에게 이렇게 예배하는 자들을 찾으시느니라**
– 요 4:23

우리는 '예수님을 통해 구원을 받는다'라고 쉽게 말한다. 그러나 그 의미와 믿음의 행위가 무엇인지를 물어보면 쉽게 설명을 하지 못한다.

창세기 22장을 보면 하나님께서 아브라함에게 독자 이삭을 바치라고 명령하시는 장면이 나온다. 청천벽력과도 같은 하나님의 명령에 아브라함은 독자 이삭을 번제로 바치겠다고 결심한 뒤 이삭을 결박하고 그를 잡아 칼로 각을 뜨려 하였다. 지극히 비상식적이고 패륜적인 상황에도 아브라함은 하나님의 명령을 묵묵히

수행한다. 그 순간 하나님께서 급히 아브라함에게 임하셔서 이렇게 말씀하신다.

"여호와의 사자가 하늘에서부터 그를 불러 이르시되 아브라함아 아브라함아 하시는지라 아브라함이 이르되 내가 여기 있나이다 하매 사자가 이르시되 그 아이에게 네 손을 대지 말라 그에게 아무 일도 하지 말라 네가 네 아들 네 독자까지도 내게 아끼지 아니하였으니 내가 이제야 네가 하나님을 경외하는 줄을 아노라"(창 22:11-12).

하나님께서 원하셨던 것은 이삭의 목숨이 아니었다. 하나님께서는 아브라함이 가장 소중하게 여기는 것을 받고 싶어 하셨다. 다시 말해 하나님은 아브라함이 사랑하는 독자 이삭이 없이도 하나님께 예배할 수 있는지를 시험하셨던 것이다.

그래서 나는 당시 아브라함이 이렇게 고백하지 않았을까 상상해본다. "나는 이삭을 사랑하지만, 이삭이 없이도 예배할 수 있어야 한다. 왜냐하면 내 존재의 목적은 하나님을 영화롭게 하는 것이기 때문이다!"

예수님은 하나님이시다. 그는 전지전능하시며 만왕의 왕이 되신다. 하지만 그는 우리를 위해 육신의 옷을 입고 이 땅에 내려오셨다. 그리고 십자가 위에서 하나님께서 기뻐하시는 제사가 무엇인지 몸소 보여주셨다. 그는 십자가 앞에서 자신의 능력과 영광을 다 내려놓으셨다. 자신을 위해서라면 열두 영도 더 되는 천군과 천사를 부르시어 간악한 자들을 소멸할 수도 있었건만 그분은 오직 하나님의 영광을 위해 묵묵히 십자가를 지셨던 것이다.

성도가 예수님을 통해 구원을 받는다는 것은 예수님께서 십자가에서 완성하신 예배를 따르는 것을 의미한다. 단순히 교회 안에서 '예수'라는 이름을 의미 없이 되뇌는 것은 독백에 불과하다. 그러므로 우리는 어떠한 축복을 목적으로 예배하는 것이 아닌 아브라함과 같이 모든 상황에서도 하나님만을 예배할 수 있어야 한다.

## 예수님을 통해 구원을 얻는 것 2

**그의 소유물은 양이 칠천 마리요 낙타가 삼천 마리요 소가 오백 겨리요 암나귀가 오백 마리이며 종도 많이 있었으니 이 사람은 동방 사람 중에 가장 훌륭한 자라** – 욥 1:3

구약 성경 욥기의 시대적 배경은 아브라함이나 이삭, 야곱 등의 활동 시기와 비슷한 족장 시대로 추정하고 있다. 구체적인 시대는 불명확하나 욥은 당시 최고의 거부였다. 하지만 그는 하루 아침에 그 모든 소유를 잃게 된다. 그뿐만 아니다. 사랑하는 자녀가 유명을 달리했고 욥마저 원인을 알지 못하는 극심한 병에 시달리게 되었다. 이런 욥의 신세를 바라보며 그의 아내는 이렇게 말하며 저주를 퍼부었다. *"그의 아내가 그에게 이르되 당신이 그래도 자기의 온전함을 굳게 지키느냐 하나님을 욕하고 죽으라"*(2:9). 이러한 그녀의 말은 그녀가 지닌 신앙의 실체를 낱낱이 보여준다. 그녀는 축복을 위해서 하나님을 섬기는 기복주의자였던 것이다. 그래서 그녀는 자신과 가정에 화가 임하면 하나님도 조롱할 수 있었던 것이다.

반면 욥은 그러한 상황에도 하나님을 원망하지 않았다. *"이르되 내가 모태에서 알몸으로 나왔사온즉 또한 알몸이 그리로 돌아가올지라 주신 이도 여호와시요 거두신 이도 여호와시오니 여호와의 이름이 찬송을 받으실지니이다 하고"*(1:21). 이런 욥의 고백은 자신이 살든지 죽든지 하나님께서는 영광을 받으셔야 한다는 신본주의적인 발언이라 할 수 있다.

*"예수께서 권능을 가장 많이 행하신 고을들이 회개하지 아니하므로 그 때에 책망하시되"*(마 11:20). 성경은 예수님의 권능을 가장 많이 경험한 고을이 더 회개하지 않았다고 증언한다. 이 말씀은 성도가 축복을 많이 받고 초자연적인 기적을 체험했다고 해서 믿음이 강화된다거나 신실한 신앙생활을 하게 된다는 의미가 아닌 것을 알려준다.

우리 믿음의 선조들은 어떤 고난과 핍박 속에서도 타협하거나 굴복하지 않고 신앙의 절개를 지킨 사람들이다. 이삭을 바치라는 하나님의 명령에 즉각 순종했던 아브라함, 노예로 팔렸어도 하나님을 앙망하는 자세를 잃지 않았던 요셉, 모든 소유를 잃고도 하나님께 영광 돌렸던 욥, 포로생활 중에도 하나님께 감사하고 두려운 풀무불 앞에서도 하나님을 찬양했던 다니엘과 그의 친구들, 온갖 박해를 받고 감옥에 갇혔어도 하나님을 찬미했던 바울과 실라처럼 믿음의 영웅들은 목숨이 경각에 달렸어도 하나님을 배반하지 않고 예배했던 사람들이었다.

*"우리가 살아도 주를 위하여 살고 죽어도 주를 위하여 죽나니 그러므로 사나 죽으나 우리가 주의 것이로다"*(롬 14:8). 환경과 조건을 따지고, 사람들의 눈치를 살피면서 예배하고 신앙생활하는 것은 성도의 참된 모습이 아니다. 신앙의 위인들처럼 언제나 하나님을 영화롭게 해야 할 것이다. 우리는 예수님을 믿어 구원에 이른 성도이기 때문이다.

## 응답되는 기도

한 나병환자가 나아와 절하며 이르되 주여 원하시면 저를 깨끗하게 하실 수 있나이다 하거늘 예수께서 손을 내밀어 그에게 대시며 이르시되 내가 원하노니 깨끗함을 받으라 하시니 즉시 그의 나병이 깨끗하여진지라
— 마 8:2-3

신앙생활에 있어 '행위'를 중시하는 자들은 기도에 많은 시간을 할애해야만 응답될 것이라 믿는다(마 6:7). 물론 성도가 하나님께 응답을 받기 위해서 기도에 많은 시간을 투자하는 것은 옳은 일이겠지만 그것이 하나님께 응답받는 기도의 조건은 아니다.

어렸을 적 우리 딸은 마시멜로우를 참 좋아했다. 우리 가족이 슈퍼마켓에 가면 딸은 엄마 몰래 마시멜로우를 사달라고 내게 졸랐다. 왜냐하면 엄마에게 부탁을 해도 소용이 없었기 때문이다. 하지만 딸이 애교를 부리며 내게 조르면 차마 거절할 수가 없었다. 그런데 어느 날 딸에게 충치가 생겨 치과에 가게 되었다. 단음식을 너무 많이 먹었던 탓이다. 그 이후로 나는 딸이 아무리 졸라도 마시멜로우를 절대 사주지 않았다. 또다시 충치가 재발할 것이 염려되었기 때문이다.

"한 나병환자가 나아와 절하며 이르되 주여 원하시면 저를 깨끗하게 하실 수 있나이다 하거늘… 내가 원하노니 깨끗함을 받으라 하시니 즉시 그의 나병이 깨끗하여진지라"(마 8:2-3). 성경은 우리에게 응답받는 기도의 조건을 깨닫게 한다. 예수님을 찾아온 나병환자의 의도는 무엇이었을까? 말씀을 깊이 묵상해보면 그 까닭을 알 수 있다. 그는 자신의 병이 치료되는 것만을 바라지 않았다. 그보다 예수님께서 '원하시는 것'이 자신에게 이루어지길 바랐던 것이다.

십자가 앞에서 하나님께 간구하셨던 예수님의 모습을 생각해 본다. "이르시되 아버지여 만일 아버지의 뜻이거든 이 잔을 내게서 옮기시옵소서 그러나 *내 원대로 마시옵고 아버지의 원대로 되기를 원하나이다* 하시니"(눅 22:42). 예수님께서도 하나님의 뜻대로 이루어지는 것이 자신에게 가장 복된 것임을 인지하고 계셨던 것이다.

　이처럼 기독교 신앙에서의 응답은 성도의 원하는 바가 성취되는 것이 아니다. 오직 하나님께서 원하시는 것이 실현됨이 참된 응답이라 할 수 있는 것이다.

　미성숙한 딸은 달콤한 마시멜로우를 사주지 않는 나를 원망할지도 모른다. 하지만 그 요구를 들어주지 않는 것이 어린 딸에게 내가 해줄 수 있는 유익한 방법이다. 딸이 인지하지 못하고 있겠지만…

## 시기하는 자와 도전받는 자

**지금까지는 너희가 내 이름으로 아무 것도 구하지 아니하였으나 구하라 그리하면 받으리니 너희 기쁨이 충만하리라** – 요 16:24

　성도는 항상 자신보다 더 많은 축복을 받은 타인을 보며 도전을 받아야 한다. 하지만 많은 성도들이 도전과 시샘을 제대로 구분하지 못한다. 도전과 시샘은 자신보다 더 많은 축복을 받은 타인에게 느끼는 감정이다. 하지만 도전과 시샘은 기도의 유무를 통해 극명하게 구분된다. 질투하는 자는 상대를 부러워하는 것으로 그치지만 도전을 느낀 자는 신앙의 본보기로 삼고, 자신도 그러한 축복이 임하길 간구하기 때문이다.

  신학생 시절, 함께 자취를 하던 동생이 좋은 차를 구입하였다. 나는 그 동생을 무척 질투하였다. 나의 시샘이 풍선처럼 부풀어 오르자 하나님은 터지기 직전의 내 마음을 아시고 이런 음성을 들려주셨다. "부러워만하지 말고 기도하거라. 너도 축복을 받고 싶다면 진실하게 기도하거라. 그래야 내가 너를 축복할 수 있단다."
  그래서 나는 밤마다 몰래 밖으로 나와 동생의 차를 만지며 어린 아이처럼 하나님께 간구했다. 그리고 그 동생에게도 솔직하게 내 감정을 이야기하고 나에게도 차가 생길 수 있도록 기도해달라고 부탁을 하였다. 축복을 받은 동생이 기도를 하면 더 빨리 응답받을 수가 있을 것 같았기 때문이었다. 그렇게 반년 정도를 하나님께 구했던 것 같다. 결국 내 소망은 이루어졌다. 하나님께서는 부모님을 통해 새 차를 선물로 주셨던 것이다.

  질투가 심한 사람과 교제하다 보면, 그 상대에게 숨기는 일이 많아지게 된다. 내가 잘된 것을 이야기하면 무언가 꼬집고 비틀기 때문이다. 신앙 관계에서도 마찬가지다. 우리가 질투하면 할 수록 하나님은 다른 성도들이 받았던 은혜를 숨기실 것이다. 시샘하는 자가 다른 성도들이 축복 받은 것을 알아봤자 그 성도를 질투하며 미워할 심보를 아시기 때문이다.

## 그 흔한 돌멩이 하나일지라도

**버러지 같은 너 야곱아, 너희 이스라엘 사람들아 두려워하지 말라 나 여호와가 말하노니 내가 너를 도울 것이라 네 구속자는 이스라엘의 거룩한 이이니라** – 사 41:14

어느 목사님의 간증을 소개한다. 언젠가 목사님께서는 한 시골교회의 부흥회를 인도하셨다. 그런데 집회를 은혜가운데 마무리하고 나니 비가 억수로 쏟아지기 시작했다. 그런 상황에서 시골교회 목사님은 허름한 봉고차를 끌고 나타나셨다. 집회를 통해 은혜를 받은 터라 목사님을 친히 집까지 모셔다 드리려 했던 것이다. 하지만 정작 집회를 인도하신 목사님께서는 마음이 불편했다. 차가 너무 낡아 금방이라도 고장날 것 같아 보였기 때문이었다. 하지만 베푸신 성의를 무시할 수 없어서 결국 차에 올랐다. 그렇게 봉고차는 굉음을 내며 빗길을 열심히 달렸다. 목사님은 두려운 마음을 억누르며 운전하시는 목사님의 뒷자리에 앉으셔서 안전을 위해 기도를 했다. 그런데 어이없게도 조수석에 계셨던 시골교회 사모님은 계속 졸고 있었다.

잠시 휴게소에 들렀다. 목사님은 운전하시던 목사님이 없는 틈을 이용하여 사모님께 물으셨다. "사모님, 자동차 상태가 안 좋은데 안 무서우세요? 이렇게 빗길에 운전하는 게 굉장히 위험할 것 같은데요?" 그러자 사모님은 태연하게 대답하시더란다. "괜찮아유. 목사님이 워낙 운전을 잘하셔서… 차가 오래됐지만 하나도 안 위험해유."

낡은 봉고차는 다시 빗길을 열심히 달리기 시작했다. 그때 목사님의 마음속에 하나님의 음성이 울려 퍼진다. "얘야, 너도 이 고물차와 같은 녀석이란다. 항상 불안하고 위험하거든. 하지만 내가 너를 붙잡고 있으니 두려워하지 말거라. 내가 너를 평강한 길로 인도할 것이고, 내가 너를 사용하여 나의 영광을 나타낼 것이다."

목사님께서는 가슴 깊숙한 곳에서 들려오는 하나님의 음성에 한참 동안 눈물을 훔쳤다고 한다. 무엇을 통해서도 느낄 수 없었던 뜨거운 은혜를 폐차 수준의 낡은 고물차 안에서 느끼셨던 것이다.

  흔하디흔한 것이 길바닥에 구르는 돌멩이다. 그러나 흔한 돌멩이라고 할지라도 다윗이 들면 거인을 쓰러뜨리는 무기가 되었다. 우리의 생명과 삶도 이와 다르지 않다. 한없이 부족한 우리지만, 하나님께서 우리를 들어 쓰시면 우리도 하나님의 영광을 위한 귀한 도구로 쓰임을 받게 될 것이다.

2장

# 만민이 기도하는 집
(막 11:17)

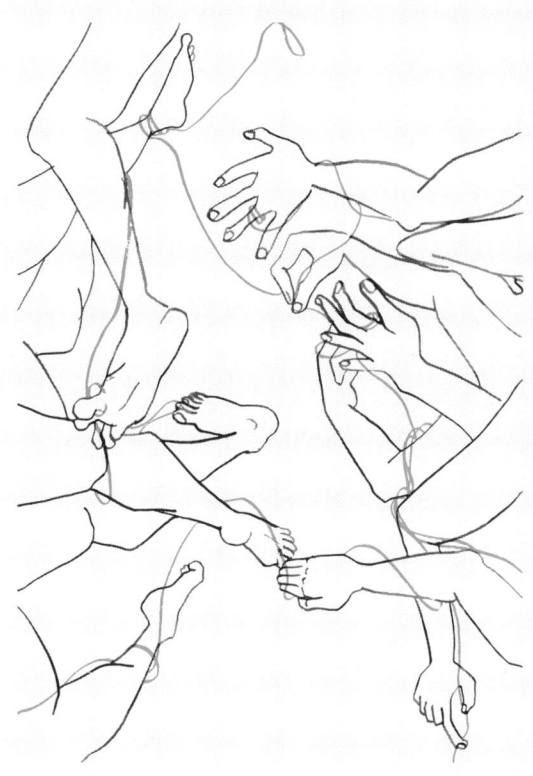

## 특수목회라고?

**빌립이 사마리아 성에 내려가 그리스도를 백성에게 전파하니** - 행 8:5

　기독교방송에서 한 목사님의 간증을 들을 적이 있다. 원래 그는 예수님을 믿는 아내를 핍박하던 불신자였다고 한다. 하지만 아내의 간절한 기도로 예수님을 영접하였고, 주님의 부르심에 목회자가 되었다고 했다. 그렇게 그는 만학도로 신학을 공부했고, 졸업 후 안정된 대형교회에서 부사역자로 목회경험을 쌓고 싶어 했다. 그러나 아내는 자신의 생각과는 달리 하나님께서는 낮고 힘든 목회사역을 원하고 계신다는 이야기를 자주 했다고 한다.
　어느 날 봉사활동을 위해 한 장애인 시설에 방문하였다. 그리고 그곳에서 자신의 교만한 마음을 새롭게 하시는 성령님의 역사를 체험하였다. 어떤 누구보다 몸이 불편한 장애인들에게 복음이 간절하다는 것을 깨달았던 것이다. 그래서 그는 현재 몸이 불편한 성도들과 함께 장애인교회를 개척하여 사역하고 있다.
　나는 이 간증을 들으며 방송을 통해 마지막으로 하셨던 말씀이 하나님의 음성처럼 느꼈다. "많은 목회자들이 나의 이런 사역을 하나님께서 진정으로 기뻐하시는 사역이라고 말한다. 하지만 대부분의 목회자들이 이런 사역을 거부한다. 그게 참 아이러니하다."
　"말은 제주로 보내고 사람은 서울로 보내라"는 속담이 있다. 이런 기준에서 보면 빌립의 선택이 이해가 되지 않는 것이 사실이다. 왜냐하면 당시 사마리아는 비천한 신분의 사람들이 모여 사는 성읍이었기 때문이었다. 만약 빌립이 이 시대 목회자들이 말하는 성공하는 목회를 꿈꾸었다면 사마리아에서의 사역만은 피해야 하지 않았을까?

예수님을 따르던 무리는 언제나 가난한 자들과 병자들이 주를 이뤘다. 이러한 현상은 가난한 자에게 복음을 전하기 위해 자신의 아들을 파송하신 하나님의 마음을 나타내는 것이었다(눅 7:22). 또한 그러한 하나님의 마음이 빌립에게 고스란히 전달되었다. 그래서 빌립은 낮은 마음으로 사마리아 성으로 내려가 복음을 전할 수 있었던 것이다(4:18-19).

나는 교회와 장애인 복지시설을 함께 섬기고 있다. 이런 나의 사역을 많은 사람들이 특수목회라 부른다. 그런데 그들의 말이 참 재미있다. 그들에게는 나의 사역이 특수하게 보이나 보다.

*"내 집은 기도하는 집이라 … 맹인과 저는 자들이 성전에서 예수께 나아오매 고쳐주시니"*(마 21:13-14).

나는 특수목회를 하는 목사가 아니다. 나는 예수님께서 본을 보이신 것처럼 정석으로 목회하는 목사이다.

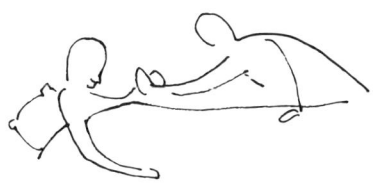

## 하나님을 경외하는 목회자

**여호와께서 다시 사무엘을 부르시는지라 사무엘이 일어나 엘리에게로 가서 이르되 당신이 나를 부르셨기로 내가 여기 있나이다 하니 그가 대답하되 내 아들아 내가 부르지 아니하였으니 다시 누우라 하니라** – 삼상 3:6

목회자는 영적 세계의 실존을 경험하여 간증하는 자들이다. 그러므로 목회자가 영이신 하나님의 음성을 듣는 것은 너무나도 자연스러운 일인 것이다. 하지만 오늘날 많은 목회자들은 하나님의 음성에 귀 기울이는 것을 신비적인 일이라 판단하여 거부하는 듯하다.

사실 목회자가 하나님의 육성이나 실존을 경험하는 것은 하나의 간증거리로 마무리되는 것이 아니다. 하나님께서 목회자에게 신비한 체험을 주신 이유는 목회자로 하여금 자신을 향한 경외심을 갖게 하기 위함이다.

죄는 대부분 타인의 시선에서 멀어진 은밀한 곳에서 범해지기 마련이다. 그러나 변치 않는 사실은 하나님의 불꽃같은 시선이 늘 성도를 향하고 있다는 것이다. 하지만 어리석은 성도는 그 사실을 깨닫지 못한 채 살아간다.

반대로 하나님의 실존을 경험한 성도들은 그 경험을 토대로 하나님을 향한 경외심을 함양하여 항상 실존하시는 하나님을 의식한다. 그래서 다윗은 자신이 느끼는 하나님의 시선을 이렇게 고백했다. *"내가 하늘에 올라갈지라도 거기 계시며 스올에 내 자리를 펼지라도 거기 계시니이다"*(시 139:8).

안타깝지만 엘리 제사장은 그러한 경외심을 갖지 못했던 것으로 보인다. 그는 성전에서 세 번이나 들리는 음성이 누구의 소리인지 알아채지 못했던 것이다. 그가 제사장임에도 하나님의 음성을 분별하지 못했던 이유는 간단하다. 단 한 번도 하나님의 음성을 경험해본 적이 없었기 때문이었다. 그런 이유에서일까? 하나님께서는 제사장 엘리가 아닌 어린 사무엘을 부르셨다.

목회자들의 수치스러운 행위가 여러 매체들을 통하여 끊임없이 쏟아져 나오고 있는 이때에 나를 포함한 모든 목회자들이 하나님의 실존을 경험하여 그분을 향한 경외심을 회복해야 하지 않을까 생각해본다.

## 신앙은 삶이 증명한다

**솔로몬이 이르되 주의 종 내 아버지 다윗이 성실과 공의와 정직한 마음으로 주와 함께 주 앞에서 행하므로 주께서 그에게 큰 은혜를 베푸셨고 주께서 또 그를 위하여 이 큰 은혜를 항상 주사 오늘과 같이 그의 자리에 앉을 아들을 그에게 주셨나이다** – 왕상 3:6

훌륭한 목회자의 기준은 그가 시무하는 교회 규모나 성도 수가 결정하는 것이 아니다. 아무리 큰 교회에서 시무하며 많은 사람에게 존경을 받는 목회자라 해도 그가 가정 안에서 배우자와 자녀들에게 신뢰받는 목회자가 되지 못한다면 그의 모든 사역은 위선이 될 뿐이다.

전도사로써 한 교회의 학생회를 지도했던 때의 일이다. 그 당시 늘 예배 분위기를 흐리는 학생이 한 명 있었다. 그런데 재미있게도 그 학생은 담임 목사님의 아들이었다. 그럼에도 이 학생은 학생회 시간에 항상 지각을 했고, 설교 시간에도 항상 딴 짓을 하기 일쑤였다. 그래서 나는 그 학생에게 여러 번 주의를 주었다. 한번은 그 학생과 진지한 대화를 나누기 위해 식사를 함께 하게 되었는데 그날 내가 그 학생에게 들은 이야기는 가히 충격적이었다.

"교회에 가기 싫습니다. 목사인 아빠가 너무 싫습니다. 그 이유는 집에서의 아빠의 모습과 교회에서의 아빠의 모습이 너무 다르기 때문입니다."

솔로몬의 눈에 비친 아버지 다윗의 모습은 어떠했는가? 솔로몬은 자신의 아버지를 '주와 동행한 왕'이었다고 회상하고 있다. 이것은 솔로몬이 아버지 다윗의 신앙에 깊은 영향을 받았다는 사실을 밝힌 것이다. 솔로몬은 아버지의 신앙 모습과 유지를 받들어 일천번제를 드렸고, 하나님께 성전을 봉헌한 훌륭한 왕이 될 수 있었던 것이다.

다시 한 번, 자문해본다. 교회와 가정에서 나의 신앙은 일관되게 신실한 모습을 보이고 있는가? 나도 다윗처럼 모든 면에서 아내와 자녀에게 인정받길 소망한다.

## 그의 의를 구하라

**그런즉 너희는 먼저 그의 나라와 그의 의를 구하라 그리하면 이 모든 것을 너희에게 더하시리라** – 마 6:33

아담과 하와는 하나님께서 금하신 선악과를 취하였지만 자신들의 죄를 자복하지 않았다. 하나님만이 사람의 죄를 사하실 수 있지만 그들은 오히려 하나님을 피해 숨어버렸던 것이다. 결국 그들은 에덴에서 추방당하게 되었다. 하지만 하나님께서는 그들을 냉혹한 세상으로 내보내시기 전 스스로 가축을 잡으셔서 가죽옷을 지어 입히셨다. 가죽옷은 십자가에서 흘리신 예수 그리스도의 보혈을 예표한다. 즉 하나님께서는 죄를 범한 그들에게 먼저 화해의 손을 내미셨던 것이다. 죄를 범한 것은 인간인데 말이다.

이처럼 성경이 말하는 '그의 의'란, 자신의 독생자를 화목제물 삼으셔서 범죄한 인간과 화해를 이루신 하나님의 의로움을 뜻하는 것이다.

"복음에는 하나님의 의가 나타나서 믿음으로 믿음에 이르게 하나니 기록된바 오직 의인은 믿음으로 말미암아 살리라 함과 같으니라"(롬 1:17). 그러므로 오늘 말씀에 기록된 그의 의를 구하라는 명령은 그러한 하나님의 의로우심을 만민에게 전하는 '복음전도'라 할 수 있다.

나는 누구보다 열심히 전도하는 목사이다. 내가 그렇게 복음전파에 열정을 다하는 이유는 나 자신이 누구보다 하나님께 큰 은혜를 받은 복음의 빚진 자이기 때문이다. 하지만 그렇게 복음을 전하는 나에게 이따금 마귀의 시험이 찾아온다.

하루는 많은 사람들로 붐비는 버스 터미널에서 복음을 전하고 있었다. 그런데 한 신사분이 그런 나의 모습을 바라보며 비웃는다. 그래서 나는 그분에게 전도지를 들고 다가갔다. 그분은 내가 전한 복음지를 들여다보시며 나의 신분에 대해서 물었다. 그래서 나는 나의 신분이 신학생임을 밝혔다. 그랬더니 그분은 자신이 이 근방의 모교회의 담임목사라고 소개했다. (후에 알게 되었지만 그곳은 제법 규모가 있는 교회였다) 그리고는 나에게 이렇게 조언하신다. "요즘 시대가 어느 시대인데 아직도 사탕 찍어서 전도를 하나? 요즘 이렇게 해서 전도가 된다고 생각해? 이렇게 해서 전도하니까 교회가 부흥이 안 되는 거야." 그의 훈계가 나의 마음을 흔들었다. 그 순간 더 힘들었던 것은 그런 상황을 주위에 있던 사람들이 지켜보고 있다는 것이었다. 그렇게 한참 목사님의 훈계를 들은 나는 마음을 추스르고 다시 복음을 전하려했다. 그런데 재미있게도 사람들은 그 목사님처럼 나를 한심한 듯 바라보며 내가 전한 전도지를 거부했다. 그날 나의 전도사역은 거기서 마무리되었다. 집으로 돌아오면서 사람들에게 느낀 거절감과 그리고 그 목사님에게 들은 세상의 논리들이 내 안에 자리 잡은 복음전파의 열정을 빼앗아 간 것을 느끼게 되었다.

복음전파는 불신자들을 교회에 등록시켜 성도의 수를 늘리는 것이 아니다. 오직 우리의 죄를 사하신 하나님의 의로우심을 세상에 자랑하는 것이다. 만약 당신이 하나님의 의로우심으로 죄 사함을 받은 자라면 세상에 어떠한 핍박 속에도 그의 의를 구하는 삶은 당신이 거부할 수 없는 운명이 될 것이다.

## 좋은 약은 입에 쓰다

**내 아들아 여호와의 징계를 경히 여기지 말라 그 꾸지람을 싫어하지 말라 대저 여호와께서 그 사랑하시는 자를 징계하시기를 마치 아비가 그 기뻐하는 아들을 징계함 같이 하시느니라** – 잠 3:11-12

나는 당뇨를 앓고 있다. 심각한 상태는 아니지만 항상 음식조절을 하고 운동을 해야 정상적인 컨디션을 유지할 수 있다. 처음에는 당뇨를 가볍게 생각했다. 감사하게도 그런 안일한 나의 생각을 고쳐주신 분이 계신다. 바로 내가 다니는 병원의 원장이시다. 그분은 나를 볼 때마다 다그치신다. 혈당관리를 잘못해서 합병증으로 고생하는 환자들의 이야기를 늘어놓으시며 강력하게 몸 관리를 당부하시는 것이다. 그러한 쓴소리 덕분에 나는 혈당관리에 힘을 쏟아 건강을 유지하고 있다. 물론 병원에서 잔소리는 듣는 것은 겁이 나고 싫지만, 나는 젊은 목회자의 건강을 생각하시는 그분의 따스한 마음을 잘 알고 있다.

교회는 성도의 영혼을 치료하는 병원과 같은 곳이다. 그래서 성도는 교회를 통해 자신의 영적인 상태를 진단해야 한다. 그러므로 예배 중 선포되는 설교는 성도의 병든 심령을 깨우는 '주사'와 같다고 할 수 있다. 하지만 안타깝게도 오늘날에는 그러한 따가운 설교를 선포하는 교회가 점점 줄어들고 있는 추세다. 이 시대 대부분의 교회가 오직 성도들의 흥미를 유발하고 구미에 맞추는 설교를 하려고 할 뿐 성도의 죄를 지적하여 회개를 촉구하지 않고 있는 것이다.

나에게는 하나님께서 주신 예쁜 딸이 있다. 나는 딸을 참 사랑한다. 그래서인지 나는 딸에게 정말 많은 잔소리를 한다. 딸이 잘되길 바라는 아버지의 마음인 것이다. 하지만 미성숙한 딸은 그러한 나에게 늘 인상만 쓴다. 아직 자신을 사랑하는 아버지의 마음을 헤아리지 못하기 때문일 것이다. 단에 올라 말씀을 선포하며 성도들의 얼굴을 볼 때면 꼭 그런 딸의 얼굴을 보는 것 같다. 나는 사랑하는 마음으로 따가운 설교를 전하지만 그 설교를 듣는 그들의 얼굴이 어둡기만 하다. 하지만 그렇다고 회개해야 할 성도들에게 무작정 오냐오냐 할 수 있는 것도 아니다. 나에게는 그들의 영혼 건강을 책임져야 할 의무가 있기 때문이다.

## 인도자가 아닌 예배자가 되어

**외식하는 자들아 이사야가 너희에 관하여 잘 예언하였도다 일렀으되 이 백성이 입술로는 나를 공경하되 마음은 내게서 멀도다** – 마 15:7-8

나는 하나님께 예배드릴 때가 가장 행복하다. 하지만 지난날 예배는 오히려 스트레스가 되었다. 그 이유는 내가 가진 불순한 의도 때문이었다. 나는 예배 시간이면 설교든 기도든 모두 성도들에게 인정받기를 원했다. 이러한 마음자세는 나로 하여금 헛된 것에 집중하게끔 만들었다. 예배시간에 나를 향한 성도들의 반응을 기대하며 그들의 이목에 집중하게 된 것이다. 결론적으로 지난날은 성도들에게 하나님이 아닌 나의 영광을 위해 '우상숭배'를 강요하는 것과 다를 바가 없었다.

하지만 감사하게도 지금 나는 그러한 마음가짐에서 해방되었다. 더 이상 예배가 스트레스가 아닌 기쁨이 된 것이다. 내가 이렇게 변화될 수 있었던 이유는 간단하다. 목회자로 예배를 인도하는 자의 모습이 아닌 예배를 드리는 자의 태도와 마음을 갖기 위해서 노력했던 것이다. 성도가 눈앞에 있지만 성도보다는 예배 가운데 임재하시는 하나님을 의식하니 찬양이 노래가 아닌 기도가 되었다. 또한 설교는 인위적으로 은혜를 끼치려는 말솜씨가 아닌 나 자신에게 전하는 권면이 되었다.

내게 있어 목회는 가볍다. 이 말은 목회사역이 만만하다는 것이 아니다. 목회자라는 감투를 벗어던지고 성도의 낮은 자세로 하나님을 예배하니 사역가운데 거짓과 위선이 사라지고 하나님 안에서의 자유함을 누리게 되었다는 것이다.

## 앎과 깨달음

**그러므로 무엇이든지 그들이 말하는 바는 행하고 지키되 그들이 하는 행위는 본받지 말라 그들은 말만 하고 행하지 아니하며 또 무거운 짐을 묶어 사람의 어깨에 지우되 자기는 이것을 한 손가락으로도 움직이려 하지 아니하며** – 마 23:3-4

유년 시절, 집에서 나의 별명은 돈벌레로 불렸다. 자주 용돈을 달라고 떼쓰는 나에게 어머니께서 지어주셨다. 고교생 시절 친한 친구 녀석이 나에게 알바를 제안했다. 나는 돈 욕심에 끌려 친구와 함께 건설 현장에서 막노동을 하게 되었다. 그러나 처음 하는 일은 생각보다 쉽지 않았다. 중간에 포기하려고 했지만 다행히 일당을 채울 수가 있었다. 그날, 나는 '고생'이 무엇인지를 제대로 경험하게 되었다.

더운 날씨에 쉴 새 없이 벽돌을 나르고 또 시멘트 포대를 옮기는 일은 감당하기가 쉽지 않았다. 하지만 하루 종일 뙤약볕에서 땀을 흘리고 5만 5천 원의 일당을 받을 때는 가슴 뭉클하였다. 그 돈은 그동안 내가 알던 돈이 아니었다. 그동안 아무런 대가 없이 부모님께 받았던 용돈과는 의미 자체가 다르게 느껴졌던 것이다. 그날 이후로 나는 과소비 습관을 끊을 수 있었다.

'앎'과 '깨달음'은 엄연히 다른 것이다. 앎이 학습을 통해 얻게 되는 지식을 의미한다면, 깨달음은 경험을 통해 얻은 지혜라고 할 수 있다. 성경이 지혜서인 이유가 여기에 있다. 성경의 주된 내용은 믿음의 선조들의 신앙생활에서 경험으로 깨닫게 된 은혜의 기록이기 때문이다.

목회자들이 전하는 설교를 두 부류로 나눈다면, 지식적인 설교와 체험적인 설교로 구분할 수 있다. 지식적인 설교는 풍성한 정보들을 제공하여 듣는 사람의 귀를 즐겁게 한다. 하지만, 그러한 설교의 단점은 성도의 삶에서 변화를 더디게 이끌게 된다.

반대로 체험적인 설교는 풍성한 정보를 제공하지는 않지만, 강한 울림을 주어 성도들에게 생동감을 준다. 왜냐하면 목회자 자신이 하나님의 말씀에 순종하여 터득한 '경험'을 토대로 완성된 설교이기 때문이다.

## 사랑하는 자는 자랑한다

**자랑하는 자는 주 안에서 자랑할지니라** – 고후 10:27

풋풋했던 연애시절, 나는 아내가 단점 하나 없는 완벽한 사람인줄 알았다. 그래서 나는 당시 만나는 지인들에게 지금의 아내를 자랑하기를 즐겨했었다.

고슴도치도 제 새끼는 함함하다고 했던가? 나는 세상에서 우리 딸이 가장 예쁘고, 가장 착하게 보인다. 다른 사람보기에 단점도 많겠지만, 나는 딸 자랑하는 팔불출로 살아가고 있다.

나는 이러한 현상들이 하나님을 사랑하는 성도에게도 동일하게 나타난다고 믿는다. *"자랑하는 자는 이것으로 자랑할지니 곧 명철하여 나를 아는 것과 나 여호와는 사랑과 정의와 공의를 땅에 행하는 자인 줄 깨닫는 것이라 나는 이 일을 기뻐하노라 여호와의 말씀이니라"*(렘 9:24).

많은 성도들이 전도를 부담스러워한다. 왜냐하면 그들이 전도를 바르게 인식하고 있지 못하기 때문이다. 다양한 전도법이 소개되고 있지만, 전도가 그대로 되는 것이 아니다. 무엇보다 중요한 것은 마음가짐이다. 전도란 하나님의 은혜를 맛본 성도가 그 받은 은혜를 믿지 않은 사람들에게 '자랑'하는 것이다. 이러한 자랑은 믿는 사람들에게는 간증이 된다. 또한 이러한 자랑은 자신에게 받은 은혜와 인도하심을 다시 한 번 생각하게 하고, 믿지 않는 사람에게는 교회를 가고 싶고 주님을 알고 싶어 하는 마음이 들게 하며, 성도들에게는 도전과 결단을 하게 하는 유익이 있다.

*"우리가 종일 하나님을 자랑하였나이다 우리는 하나님의 이름에 영원히 감사하리이다"*(시 44:8).

사랑하는 자는 누구나 팔불출이 된다. 만약 당신이 삶 가운데 하나님을 자랑하지 않는다면 그것은 하나님의 은혜를 경험하지 못했거나 하나님을 사랑하지 않는 것이다.

## 교회의 살림살이

**주의 궁정에서의 한 날이 다른 곳에서의 천 날보다 나은즉 악인의 장막에 사는 것보다 내 하나님의 성전 문지기로 있는 것이 좋사오니** – 시 84:10

개척교회는 어렵다고 말을 한다. '어렵다'라는 말에는 여러 함축적인 의미가 숨어있겠지만, 무엇보다 재정과 일손의 부족은 사역을 힘들게 한다. 그래서 개척교회 목회자는 만능 슈퍼울트라맨이 되어야 한다. 찬양 및 예배 인도는 기본이고, 몇 명 안 되는 교회학교 아이들을 위해 북 치고 장구를 쳐야 한다. 그리고 교회 청소뿐만 아니라 기술자가 되어 교회에 필요하거나 고장 난 것들을 처리해야 한다. 이러한 처지는 작은 교회를 섬기는 모든 성도들에게도 적용된다. 교회의 여러 가지 궂은일들을 그들이 직접 감당하는 경우가 허다한 것이다.

  나는 화장실 청소를 아주 잘한다. 오랫동안 사역을 하면서 자주 교회의 화장실을 청소했기 때문이다. 하루는 사역을 마무리하고 퇴근하려는데 담임목사님께서 지저분한 화장실을 보시며 내게 청소를 지시하셨다. 물론 기분이 안 좋았다. 몸은 이미 녹초가 되었는데 화장실 청소를 해야 하는 상황에 마음이 상했던 것이다. 하지만 투덜거리며 청소를 시작했다. 그런데 바닥이 미끄러웠는지 청소를 하다가 그만 넘어지고 말았다. 바지는 다 젖고 기분은 더 우울해졌다. 그래서 청소를 하다말고 성전에 앉아 젖은 바지를 수건으로 닦기 시작했다. 그런데 그 순간 세미한 음성이 들렸다. "힘들지만 명심하거라 여기는 나의 몸 된 성전이란다"(엡 1:23).

  나는 망각하고 있었다. 성도들 앞에서는 입버릇처럼 교회는 주님의 몸 된 처소라고 설교했으면서도 정작 나는 그 사실을 잊고 있었던 것이다. 다시 청소를 시작했다. 이미 몸은 다 젖어있었지만 내 마음에는 기쁨이 회복되었고 입에서는 감사의 찬양이 흘러나왔다

  지금도 작은 개척교회를 섬기는 성도들은 마땅한 공간과 시설도 없는데서 함께 먹을 음식을 준비하고, 환기도 되지 않는 곳에서 먼지를 뒤집어쓰고 청소를 하고 있다. 그리고 알뜰하게 쓰레

기를 분리하여 내놓는다. 우리는 작은 교회를 섬기는 성도들의 그러한 수고를 쉽게 평가해서는 안 된다.

그동안 개척교회를 섬겨온 나는 잘 알고 있다. 그들이 미련하여 그런 수고를 도맡은 것이 아니다. 그들은 자신들이 섬기는 작은 교회가 하나님의 집임을 믿기에 기꺼이 땀을 흘린다. 그리고 힘을 다해 헌금하고 시간을 드린다. 이 글을 통하여 미약한 개척교회를 섬기는 모든 성도에게 감사와 존경을 표한다.

## 준비된 예배

**준비하게 하여 셋째 날을 기다리게 하라 이는 셋째 날에 나 여호와가 온 백성의 목전에서 시내 산에 강림할 것임이니** —출 19:11

지난날 나와 함께 동역했던 한 여전도사님은 설교하는 것을 몹시 두려워했다. 자신이 말씀 선포하는 것에 은사가 없는 것 같다며 내게 종종 불평을 늘어놓았다. 그래서 나는 전도사님께 설교하는 방법과 강단에서의 마음가짐에 대해 가르쳐 드리기도 했다. 하지만 전도사님의 설교는 조금도 나아지지 않았다. 그러던 어느 날 나는 그 전도사님과 교제를 하던 중 그분이 왜 말씀선포에 불편함을 느끼는지 알게 되었다.

전도사님은 나에게 설교가 있던 주일 전에 가족여행에서 있었던 재미있는 일들을 이야기해주었다. 나는 그때 한 가지 의문을

갖게 되었다. '주말에 가족들과 여행을 했다면 과연 설교 준비는 언제 하셨을까?'

그렇다. 그 후에도 지켜보고 확인했지만, 전도사님은 설교 준비를 거의하지 않았다. 기도와 연구 속에서 원고를 작성해야 하는데 아무런 수고를 하질 않았다. 오로지 자신이 받은 은혜를 가지고 단에 올라 즉흥적으로 하나님의 말씀을 전하였기 때문에 말문이 막히거나 내용이 조금 다른 방향으로 흐르게 되면 긴장하여 수습을 하지 못했던 것이다.

*"광야에 외치는 자의 소리가 있어 이르되 너희는 주의 길을 준비하라 그의 오실 길을 곧게 하라"*(막 1:3). 침(세)례 요한의 사명은 주님께서 임하실 길을 준비하는 것이었다. 우리는 그런 그의 사명을 통하여 하나님께서 모든 사역자에게 바라시는 것이 무엇인지를 깨달아야 한다. 모든 사역자들은 온 맘과 정성을 다해 예배를 준비해야 한다. 왜냐하면 하나님께서는 사역자가 준비한 그 사역을 통해 예배 가운데 임재하시기 때문이다.

사실 이러한 자세는 하나님께서 사역자들을 넘어 성도들에게도 요구하시는 것이다. 경건한 성도 하나가 예배 시간을 생명처럼 지키며 예배 시간 전에 성전에 나와 하나님의 임재를 위해 기도로 준비하는 모습을 통해 대부분의 성도들은 진정성 있는 예배를 경험하게 된다. 하지만 반대로 성도가 예배를 가벼이 여기고 지각을 하거나 예배 중 잡념에 사로잡혀 온전한 예배에서 자꾸만

멀어지기만 한다면 그것은 오히려 예배가운데 하나님의 임재를 방해하는 과오가 될 뿐이다.

## 전도의 목적

**예수께서 이 열둘을 내보내시며 명하여 이르시되 이방인의 길로도 가지 말고 사마리아인의 고을에도 들어가지 말고 오히려 이스라엘 집의 잃어버린 양에게로 가라 가면서 전파하여 말하되 천국이 가까이 왔다 하고**
- 마 10:5-7

복음전도는 시간이 갈수록 더욱 어렵고 힘든 사역이 될 것이다. 이 시대의 교회와 목회자들에 대한 세상의 인식이 부정적이기 때문이다. 그렇다고 전도사역을 멈출 수도 없는 일이다. 왜냐하면 지금도 세상 어디에는 복음을 간절히 기다리는 사람들이 존재하기 때문이다.

언젠가 노방전도를 하던 중 한 자매가 나를 찾아와 상담을 요청하였다. 그래서 나는 시간을 흔쾌히 할애했다. 자매는 나와 면담을 하면서 눈물을 훔쳤다. 예전에는 교회를 열심히 다녔었지만, 성도들에게 시험을 받아 지금은 교회를 외면하고 있다고 하였다. 그래서 나는 그녀에게 이렇게 조언했다. "신앙생활에서 성도와의 관계가 중요하긴 하지만 그보다 중요한 것은 먼저 자신과 하나님과의 관계라고 생각한다. 우리가 매주일 교회를 찾는 이유도 하나님을 만나기 위해서이지 사람을 만나기 위함은 아니다. 하지만 하나님을 의식할 수 없는 미성숙한 성도는 대부분 자신 주위의 성도들에게 집중하기 마련이다. 결국 그렇게 되면 교회 안에서 사람에게 상처를 받는 일은 비일비재하게 일어나게 될 것이다. 오직 참된 안식은 하나님과의 관계 안에만 실재한다. 그러니 하나님만 바라보고 다시 신앙생활을 회복하라." 그리고는 그녀를 위해 간절히 기도해주었다. 상담 후 자매의 얼굴은 환하게 웃고 있었다. 자매는 나와의 짧은 만남을 통해 심령의 회복을 얻은 듯 했다.

그렇게 상담이 마무리될 쯤 나는 하나님의 음성을 들을 수 있었다. "내가 너를 세상으로 보내는 이유를 알겠니? 신앙의 회복을 갈망하는 한 영혼 때문이란다."

그런 일이 있은 지 며칠이 지났을까 노방전도를 하고 있는데, 한 여학생이 나를 찾아와 울먹이는 목소리로 이렇게 말했다. "저도 교회에 다니는데요. 친구들이 저를 놀리고 왕따를 시키는 터라 학교생활을 하기가 너무 힘들어요." 그래서 나는 하나님의 말씀으로 그 학생을 위로하고 간절히 기도해 주었다. 그런데 길을 가던 사람들이 나를 이상한 눈으로 쳐다보고 있었다. 아마도 나를 사이비 종교의 신도 정도로 생각하고 있었나보다. 하지만 그러한 그들의 오해가 한 영혼을 향한 하나님의 사역에 결코 장애가 될 수 없는 일이다. 사도들은 세상의 온갖 박해 속에서도 복음전파 지속하지 않았던가?

하나님께서 우리에게 전도를 명령하시는 이유는 교회의 성도 수를 늘리기 위함이 아니다. 오직 죽어가는 한 영혼을 살리기 위해 우리를 세상으로 파송하시는 것이다.

## 누구의 탓인가?

**내 형제들아 너희는 선생된 우리가 더 큰 심판을 받을 줄 알고 선생이 많이 되지 말라** – 약 3:1

2014년 4월 세월호가 침몰된 후 많은 사람들이 사고의 원인을 찾기 시작했다. 그리고 얼마 지나지 않아 침몰에 대한 많은 추측들이 여러 매체를 통해 쏟아져 나왔다. "세월호가 불법증축을 하여 침몰했다." "지나친 화물의 과적이 세월호의 침몰을 야기했다." "출항 전 해운조합 관계자가 선박의 안전점검에 소홀함이 문제였다." 심지어는 북한의 소행이라는 소문까지 돌기 시작했다. 그러던 중 당시 세월호를 운행했던 선장이 살인죄로 기소되었다는 뉴스가 들려졌다. 그 이유는 당시 배가 침몰하는 현장에서 선장에게는 승객들에게 퇴선을 명령하고 그들의 생명을 지킬 의무가 있었으나 그는 자신만 살아남기 위해 배와 승객을 버려두고 탈출했기 때문이었다.

세월호와 이 시대의 교회는 많은 유사성이 있는 듯하다. 세월호가 깊은 바다에 침몰한 것처럼 이 시대의 교회도 세속주의의 깊은 늪에 빠지고 있는 것이다. 그 책임은 분명 나와 같은 목사들에게 있을 것이다. 목사의 사명은 죽어가는 영혼에게 예수 그리스도의 복음을 전하는 일이다. 하지만 안타까운 현실은 이 시대 교회의 강단에서는 점점 복음이 사라지고 있다는 것이다. 복음이 부재된 강단에는 성도들에게 거부감 없는 재미난 정보들로 채워지고 있을 뿐이다.

사실 죄인이 예수 그리스도의 복음을 듣는다는 것은 말처럼 쉬운 일이 아니다. 그들에게는 원죄가 있어 따가운 복음 앞에 거부감부터 갖게 되는 것이다. 하지만 성도들이 그 복음을 반기지 않는다고 목회자가 복음이 아닌 다른 지식들로 성도들의 심령을 채워서는 안 된다. 그렇게 되면 그들의 영혼이 회개의 기회를 잃을지도 모르기 때문이다. 세월호와 같이 침몰하는 이 시대 교회에게 필요한 것은 복음만을 전하는 목회자와 따갑지만 귀를 열어 복음을 듣는 성도가 아닌가 생각해본다.

## 오해입니다

**미쁘다 모든 사람이 받을 만한 이 말이여 그리스도 예수께서 죄인을 구원하시려고 세상에 임하셨다 하였도다 죄인 중에 내가 괴수니라** – 딤전 1:15

목회를 하다보면 나도 모르게 성도들에게 따가운 훈계를 하게 된다. 특히 내가 교육부를 인도하던 전도사 시절에는 학생들에게 더 많은 훈계를 했다. 그런 훈계의 대부분은 주일에 예배를 드리는 그들의 자세와 마음가짐에 관한 것들이었다. 특히 학생들의 시험 기간이 되면 훈계의 목소리는 더욱더 커졌다. 시험기간이라는 핑계로 교회 출석을 피하는 학생들 때문이었다. 그런데 어느 날 따갑게 훈계하는 나에게 한 학생이 이렇게 질문을 했다. "전도사님은 학창시절에 한 번도 예배에 빠진 적이 없으세요?"

사도들은 모두 복음을 위해 순교하였다. 예수님의 제자였던 그들은 예수님께서 먼저 가신 그 길을 그대로 따랐던 것이다. 그렇게 모든 사람에게 존경받을만한 그들이었지만 예수님과 동고동락하던 때의 제자들은 미성숙한 초신자와 다름없었다. 누구보다 예수님의 은혜와 기적을 많이 체험했지만 그들은 십자가 앞에서 예수님을 배신했던 것이다. 사실 이러한 그들의 과오는 하나님께서 이미도 계획하신 일이었다. 하나님께서는 사도들로 하여금 지난날들의 후회로 말미암아 빚진 자의 마음으로 복음을 전하도록 하셨던 것이다.

오늘 말씀을 기록한 사도 바울을 생각해보라. 그는 한때 예수님을 믿는 자들을 핍박했던 교회의 원수였다. 그런 그가 순교하기까지 복음을 전할 수 있었던 이유가 무엇인가? 지난날 자신의 과오를 후회했기에 가능했던 사역이었다.

성도를 향한 목회자의 권면은 목회자의 신앙이 완전하기에 할 수 있는 것이 아니다. 목회자의 권면은 오직 목회자가 지난날 회심의 경험을 토대로 성도들의 삶을 안타까워하는 감정일 뿐이다.

## 교회의 연합을 이루는 성도

우리나라와 일본과의 스포츠 경기는 단순한 운동 시합이 아니다. 한일전은 반일 감정이 작용하기 때문이다. 특히 축구는 국민의 관심이 커서 전쟁이라 할 만큼 치열하다. 2011년 8월, 한국과 일본의 국가대표 평가전이 일본 홋카이도 삿포로 돔에서 열렸다. 당시 양국은 독도 영유권 문제로 여느 때보다 관계가 좋지 않은 상황이었다.

시작하기 전부터 팽팽한 긴장감이 운동장을 가득 메웠다. 하지만 결과는 아쉬웠다. 0:3으로 한국이 참패한 것이다. 많은 국민들이 충격에 휩싸였다. 경기가 끝난 뒤 일본 매스컴은 박지성과 이영표 선수가 한국 대표팀에서 은퇴하고 난 뒤 한국 축구가 나락에 빠졌다고 전하였다. 심지어 일본은 자신들과 한국이 대등한 실력을 소유하기 위해서는 박지성과 이영표 선수가 복귀해야 할 것이라며 비아냥거리기까지 했다. 화가 났지만 그들의 말에 반박할 구실이 없었다. 그들의 말처럼 11명이 뛰는 축구경기에서 단 2명의 선수가 빠졌을 뿐인데 그날 한국 축구 선수들의 경기력은 결코 일본을 따라갈 수 없어보였다.

"진실로 다시 너희에게 이르노니 너희 중의 두 사람이 땅에서 합심하여 무엇이든지 구하면 하늘에 계신 내 아버지께서 그들을 위하여 이루게 하시리라 두세 사람이 내 이름으로 모인 곳에는 나도 그들 중에 있느니라"(마 18:19-20).

성경은 예배의 성패를 좌우하는 두세 명의 리더에 관해 이야기한다. 아무리 많은 성도들이 모여 예배를 드릴지라도 그러한 두세 명의 리더가 부재된 예배라면 하나님의 임재는 결코 실현되지 않을 것이다.

그렇다면 성경이 말하는 예배 안의 리더는 누구를 가리키는 것일까? 성경은 그들을 합심하여 기도하는 자들이라 묘사한다.

"또 말하되 자, 성읍과 탑을 건설하여 그 탑 꼭대기를 하늘에 닿게 하여 우리 이름을 내고 온 지면에 흩어짐을 면하자 하였더니"(창 11:4).

모든 인류가 한 민족이었던 시절, 그들은 바벨탑을 쌓기 시작했다. 그들은 흩어짐을 면하기 위해 바벨탑을 쌓았다고 주장했지만 사실은 홍수로 인류를 진노하신 하나님을 대항하기 위한 교만함에서 비롯되었다. 물론 불순한 그들의 그런 계획은 오래가지 못했다. 결국 그들은 합심을 이루지 못한 채 서로 흩어지게 되었던 것이다(창 11:8).

이처럼 합심이란 사람의 영광과 이익이라는 취지를 통해 실현될 수 있는 것이 아니다. 합심이란 오직 하나님의 영광을 목적으로 할 때 가능한 것이다. 그러므로 합심하여 기도했던 두세 사람은 사람의 이익이 아닌 하나님의 영광을 위해 기도했던 자들이라 할 수 있다.

한 교회를 방문했던 일이 생각난다. 교회에 들어서자 성도들의 뜨거운 기도 소리가 들렸다. 예배가 시작되기 전이었음에도 그들은 기도로 예배를 준비하는 듯 했다. 그렇게 예배는 시작되었고 강단에서 목사님의 설교가 선포되었다. 하지만 나는 이내 인상을 찌푸릴 수밖에 없었다. 그 이유는 설교가 현세적이고 물질적인 축복을 추구하는 번영신학에 기초된 말씀이었기 때문이었다. 말씀이 마무리되자 성도들은 또다시 다시 뜨겁게 기도하기 시작했다. 그들 모두가 자신의 영화를 소망하며 부르짖고 있었다. 이러한 기복신앙은 현세의 부귀영화를 추구하는 다른 종교와 다를 바가 없다.

사람의 존재의 목적은 하나님을 영화롭게 하는 것이다. 그러므로 우리의 기도는 오직 하나님의 영광에 초점 맞춰져 있어야 한다. 내가 성도들에게 바라는 것은 그들이 현세의 축복을 거부하는 것이 아니다. 그들에게 하나님의 영광이 전제된 신앙생활을 요구할 뿐이다. 나는 그런 성도들만이 교회의 부흥과 화합을 이룰 수 있다고 믿는다.

어느 날 길을 가던 중 내가 앞서 언급했던 교회가 리모델링 공사를 하고 있는 것이 보였다. 아마도 교회를 더 아름답게 꾸미려 했나 보다. 그런데 새로운 간판에는 다른 교회의 명칭이 새겨져 있었다. 알고 보니 그 교회는 그동안 부채에 시달려 힘들게 교회를 운영하다가 결국 다른 교회에 매각이 되었고 기존교회의 성도들은 이곳저곳으로 뿔뿔이 흩어졌다는 것이다.

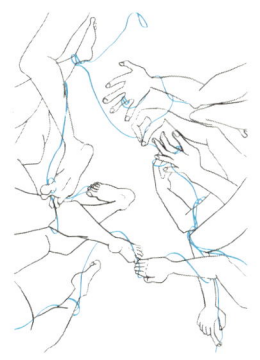

## 하나님의 영광이라고?

한마음과 한 입으로 하나님 곧 우리 주 예수 그리스도의 아버지께 영광을 돌리게 하려 하노라 그러므로 그리스도께서 우리를 받아 하나님께 영광을 돌리심과 같이 너희도 서로 받으라 – 롬 15:6-7

"목회를 하면 할수록 단에 서는 것이 두렵고 떨린다." 목회자이신 어머니께서 자주하시는 말씀이다. 목회를 하면 할수록 단에 서는 것이 익숙해지고 말씀 전하는 것에 능력이 생길 텐데 왜 어머니는 두렵다고 말씀하시는 것일까?

나는 주말이 되면 주일 사역을 위해 최선을 다한다. 가정예배를 시작으로 설교를 준비하고 또 찬양인도를 준비한다. 그런데 어느 날, 그렇게 열심히 준비하는 나에게 한 가지 질문이 생겼다. "지금 나는 누구를 위해서, 무엇을 위해서 이 일을 하고 있는가?"

 땀을 흘려 노력하는 모든 일이 성실함으로 칭찬받는 것은 아니다. 오로지 그 주력하는 일의 동기가 올바를 때 우리는 그런 노력을 비로소 성실이라 말한다. 도둑이 땀 흘려 남의 것을 훔쳤을 때, 그것을 치하하는 사람이 없는 것처럼 말이다.

 정신을 차리고 내 사역의 중심을 판단해보니 그 안에는 하나님의 영광을 가장한 나의 영광이 자리 잡고 있었다. 설교를 잘하고 찬양인도를 잘해서 성도들에게 인정받는 것이 하나님께 영광 돌리는 일이라 착각하고 있었던 것이다. 그제야 어머니께서 하신 말씀의 저의가 무엇인지 깨닫는다.
 사역을 하면 할수록 나는 그 사역에 익숙해진다. 그리고 능력 또한 배가된다. 하지만 그 익숙함과 능력이 하나님의 영광을 가리지는 않을까 두려워졌다.
 한번쯤 우리가 계획하고 경영하는 모든 일들을 잠시 내려놓고 그 일의 동기를 깊이 묵상해보자. 생각보다 많은 성도들이 자신의 일을 하나님께 영광 돌리기 위한 것이라고 거짓 주장한다.

## 인색함 없는 헌금

각각 그 마음에 정한 대로 할 것이요 인색함으로나 억지로 하지 말지니 하나님은 즐겨 내는 자를 사랑하시느니라 – 고후 9:7

우리 딸은 초등학교 1학년 때 비로소 돈의 가치를 알게 되었다. 그전까지는 돈에 대한 개념 자체가 없어서 누가 용돈을 주면 그것을 쉽게 잃어버리곤 했었다. 딸이 돈에 대한 개념을 알게 된 후 편해진 것들이 몇 가지가 있다. 딸이 열심히 심부름을 하는 것이다. 물론 심부름이 끝난 뒤에는 어김없이 "천 원!"을 외치면서 손을 내민다.

어느 날 딸의 핑크색 지갑을 살며시 열어보니 그 안에는 그동안 모아놓은 칠천 원이 들어있었다. 그래서 나는 딸을 불러 시험하였다. 그 돈을 나에게 달라고 부탁을 했던 것이다. 그러자 내 말을 들은 딸은 단호한 표정으로 "안 돼!"라는 말을 남기고 자기 방으로 들어가 버렸다. 그런 딸의 반응이 얼마나 재미있었는지 나는 짓궂게도 딸을 다시 한 번 시험하며 칠천 원을 하나님께 헌금하자고 제안하였다. 물질 앞에서 녀석의 신앙을 시험해보고 싶었던 것이다. 하지만 그런 나의 제한에 딸은 싫다고 말하지는 않았지만, 분명 얼굴에는 싫다는 기색이 역력했다. 그리고는 그렇게 씁쓸한 표정으로 다시 방으로 들어갔다. 그렇게 한참을 방에서 머물던 딸은 감사하게도 칠천 원을 헌금 봉투에 담아 나타났다. 그리고 그 봉투에는 자신이 그린 그림과 하나님께 쓴 편지가 기록되어 있었다.

그런 딸의 믿음의 행동은 나에게 큰 은혜와 도전이 되었다. 그래서 나는 딸의 지갑에 만 원짜리 한 장을 몰래 넣어 놓았다. 한참을 놀던 딸이 자신의 지갑 안에 있는 만 원을 발견하고 흥분한다. 그리고는 엄마에게 달려가 자신이 하나님께 칠천 원을 헌금했더니 하나님께서 만원을 주셨다며 소리치며 행복해했다. 순수해서인지 초등학교 3학년이 된 딸은 아직도 하나님께서 자신에게 만 원을 주셨다 믿고 있다.

이 시대 성도들의 헌금 생활을 보면 마음이 편치 않다. 주일에 젊은 직장인들이 천 원짜리 한두 장을 헌금으로 내는 것을 보면 얄밉기까지 하다. 그 이유는 결코 액수 때문이 아니다. 예수님께서는 과부가 드린 두 렙돈도 축복하지 않으셨던가? 교회 밖에서는 커피 한 잔을 마시기 위해 만 원짜리 한 장도 아낌없이 투자하는 그들이 왜 하나님께는 그렇게 인색하냐는 것이다.

"하나님, 있어주셔서 감사합니다. 예배 잘 들릴게요." - 딸이 헌금 봉투에 적은 철자 틀린 편지

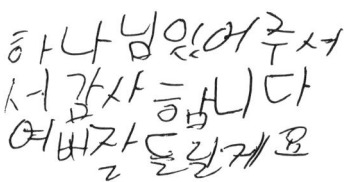

## 선한 목자

**문지기는 그를 위하여 문을 열고 양은 그의 음성을 듣나니 그가 자기 양의 이름을 각각 불러 인도하여 내느니라** – 요 10:3

오늘날 한국교회의 최대 병폐로 알려진 물량주의, 세속주의는 70년대 한국교회가 대형화를 추구하면서 시작되었다고 할 수 있다. 그런데 아직도 많은 성도들은 대형교회를 선호하고 있고, 큰 교회 목사님들이 훌륭하다고 착각하고 있다.

나는 어머니의 목회사역을 통해 참된 목회가 무엇인지를 깨달았다. 어머니는 단에서 설교만 하시는 목회자가 아니셨다. 하루에도 몇 시간을 성도들 모두의 이름을 부르며 눈물로 기도하시는 분이셨다. 나는 그런 어머니의 사역을 보며 한 가지 의문을 갖게 되었다. '과연 대형교회 담임목사들은 그 많은 성도들을 위해서 어떻게 중보하실까?'

예수님께서는 말씀을 통해 자신을 '선한 목자'라고 소개하시며 성경적인 선한 목자의 기준을 제시하신다. *"자기 양의 이름을 각각 불러 인도하여 내느니라"*(요 10:3). 다시 말해 선한 목자란 자기에게 맡겨진 성도의 이름을 부르며 기도로 그들을 인도하는 자라 할 수 있는 것이다.

목회자가 설교에 많은 공을 들이는 것은 예배를 통하여 성도들에게 쉽게 드러난다. 하지만 목회자가 성도들을 위해 기도에 공을 들이는 것을 성도들이 알기란 쉽지 않다. 어쩌면 그런 이유로 오늘날 많은 목사들이 기도사역을 등한시 하지 않나 생각해본다. 하지만 모든 목사들은 명심해야 한다. 하나님께서는 성도들을 위해 간절히 기도하는 목사를 선한 목자라 인정하신다는 것을 말이다.

## 삯꾼 목자

**엘리가 그에게 이르되 네가 언제까지 취하여 있겠느냐 포도주를 끊으라 하니 한나가 대답하여 이르되… 포도주나 독주를 마신 것이 아니요 여호와 앞에 내 심정을 통한 것뿐이오니** – 삼상 1:14-16

언젠가 한국의 신학생들의 수가 전 세계의 신학생들의 수보다 많다는 재미있는 통계를 본적이 있다. 그만큼 한국에는 신학을 전공한 교회의 인적 자원이 넘쳐난다. 하지만 도무지 이해가 안 되는 것은 그런 신학생들이 늘어나고 많은 교회가 세워짐에도 우리나라의 영적인 현실은 어둡기만 하다는 것이다.

엘리는 제사장임에도 불구하고 선악을 분별하는 능력이 없었던 사람이었다. 그는 성령에 충만함으로 하나님께 간구했던 한 나를 술 취한 것으로 판단했다. 그가 그런 실수를 저지른 이유는 그가 한나처럼 성령을 받아 심령을 통회해본 적이 없기 때문이었다.

신학교 재학 시절, 나는 여러 선배들이 말하는 동일한 거짓말을 들었었다. 그들의 주장은 대체로 이런 것이었다. "나는 성경은 잘 보겠는데 기도가 어렵더라." "나는 기도는 잘하겠는데 성경 보는 것이 어렵더라."

사실 이런 주장은 명백한 거짓이다. 왜냐하면 성경은 보혜사 성령님을 말씀(성경)을 통해 역사하는 하나님의 영으로 소개하고 있기 때문이다(행 10:44; 엡 6:17; 요 14:26).

다시 말해 참된 기도생활은 말씀을 묵상할 때 가능한 것이며, 기도생활에 힘쓰는 자가 하나님의 말씀을 통해 복음을 깨닫게 되는 것이다. 그래서 성령충만은 곧 말씀충만이라 할 수 있다.

그런 측면에서 엘리 제사장을 묵상해보면 그가 왜 이스라엘의 가장 수치스러운 제사장이 되었는지 알 수 있다. 엘리는 제사장임에도 말씀과 기도를 소홀히 했던 것이다.

양에게 가장 큰 축복은 좋은 목자를 만나는 것이다. 그러므로 이 시대를 살아가는 성도에게는 영분별의 은사가 필수라 할 수 있다. 십자가가 달린 교회와 목사들이 넘쳐나는 우리나라가 영적으로 어둡고 탁한 이유는 우리가 생각하는 것보다 많은 삯꾼 목자들이 사역하고 있기 때문이라 할 수 있다.

## 삯꾼은 사기꾼이다

**집 하인이 두 주인을 섬길 수 없나니 혹 이를 미워하고 저를 사랑하거나 혹 이를 중히 여기고 저를 경히 여길 것임이니라 너희는 하나님과 재물을 겸하여 섬길 수 없느니라** – 눅 16:13

나의 목회와 삶의 공간은 시골이다. 물론 공기도 좋고 물도 맑지만 그 나름대로의 고충을 감수해야 한다. 특히 대중교통 이용이 그렇다. 그래서인지 차를 끌고 길을 가다보면 남의 차를 얻어 타기 위해 손을 흔드는 이웃들을 쉽게 만나 볼 수 있다. 나는 이런 분들을 흔쾌히 차에 태운다. 호의를 베풀며 복음을 전하기 위해서다. 언젠가 차를 끌고 길을 가는데 우리 옆집에 사시는 할머니가 힘들게 길을 걸어가고 계셨다. 그래서 나는 고민도 없이 할머니를 태웠다. 복음을 전할 기회를 포착한 것이다. 할머니는 나의 등장을 심하게 반가워하셨다. 그래서 나도 웃으며 안부를 물었다. 그리고 점점 내 속내를 드러내며 복음을 전하였다. 그런데 조금 전 화기애애했던 분위기가 점점 어둡고 냉랭해졌다. 말을 하지는 않으셨지만 할머니는 복음을 강력하게 거부하고 계셨다. 그렇게 어색한 시간이 흘러 결국 할머니의 목적지에 도착하게 되었다. 그런데 할머니가 하차를 더디 하시며 이렇게 말씀하신다. "내가 권사직분까지 받은 사람이요. 우리 남편은 교회 일이라면 보직까지 내려놓고 섬겼어. 그런데 그렇게 섬기던 교회의 목사가 성도들에게 돈을 빌려서 해외로 날랐어. 그 다음부터는 교회에 교자만 들어도 진저리나." 나는 그런 할머니에게 어떤 말도 할 수 없었다.

'삯꾼 목자'란 삯, 즉 돈 때문에 목회를 하는 자들을 가리킨다. 그들은 교회에서 돈이 나오지 않으면 설교하지 않고 기도하지 않는다. 다시 말해 그들은 하나님을 위해서 사역하는 것이 아닌 자신의 생계를 위해 사역하는 자들이다. 그들이 바로 영적인 사기꾼인 것이다.

## 시장이 반찬이다

**하나님이여 사슴이 시냇물을 찾기에 갈급함 같이 내 영혼이 주를 찾기에 갈급하니이다** – 시 42:1

어렸을 적 우리 부모님께서는 항상 사업과 목회로 바쁘셨기 때문에 외할머니께서 형과 나를 돌봐주셨다. 언젠가 친구들과 놀다 밤늦게 집에 들어간 적이 있었다. 친구들과 정신없이 노느라 식사시간을 놓쳐버린 나는 너무 배가 고파 울상을 짓고 있었다. 할머니께서는 그런 나의 모습을 보시고 급히 라면을 프라이팬에 끓여주셨다. 할머니가 끓여주신 라면은 조금 불었었는데도 무척이나 맛있었다. 지금도 종종 그때 할머니께서 끓여주신 라면 맛이 생각난다. 그래서 나는 할머니와 똑같은 방법으로 라면을 끓인다. 그런데 그 맛은 다시 느껴지지 않는다. 왜 그런 것일까? 단지 라면 맛이 변해서 그런 것일까? 아니면 내가 조리를 잘 못해서 그런 것일까? 아니다. 그 맛이 나지 않는 이유는 그때만큼 내가 배고프지 않기 때문이다.

성도의 신앙에게 주일성수가 중요한 이유는 성도의 영혼에 필요한 한 주간 영의 양식이 주일 예배를 통하여 공급되기 때문이다. 하지만 안타깝게도 주일 예배를 드리는 성도들의 영혼은 이미 포화상태이다. 쉽게 표현하면 그들은 주일에 받았던 말씀을 삶에서 순종으로 소화시키지 못한 채 또 다시 주일이 되어 새로운 말씀을 들어야 하는 것이다. 상황이 이러하니 그들은 간절함으로 하나님의 말씀을 기대하지 않는다.

'소중하다'의 반대말이 '흔하다'인 것처럼 이 시대의 성도들에게 하나님의 말씀은 더 이상 소중한 것이 아닌 듯하다. 시장이 반찬이라 했던가? 하나님의 양식을 맛있게 먹는 방법은 이미 받은 말씀을 순종으로 충분히 소화하는 것이다.

## 아멘합시다

〈개그콘서트〉는 인기 있는 텔레비전 프로그램 중 하나다. 그런데 같은 방송사에서 다른 시간대에 방송하는 〈폭소클럽〉이라는 프로그램은 사람들의 주목을 받지 못해 시청률이 하락했다. 그런데 나는 폭소클럽이라는 프로그램을 즐겨 시청했던 기억이 있다. 폭소클럽에 출연하는 대부분의 개그맨들이 개그콘서트에도 출연하는 터라 나름의 재미가 있었던 것이다. 하지만 결국 폭소클럽은 폐지되었고 개그콘서트는 여전히 시청자들의 사랑과 갈채를 받고 있다.

그렇다면 이 두 프로그램의 차이는 무엇일까? 개그콘서트와 폭소클럽의 차이는 사실 개그맨이 아니라 방청객이라 할 수 있다. 텔레비전을 시청하면 쉽게 알 수 있지만 개그콘서트 현장의 분위기는 항상 화려하고 역동적이다. 반대로, 폭소클럽의 분위기는 뭔가 엉성하고 어둡기까지 했다. 텔레비전을 통해 문득문득 보이는 방청객들의 표정은 그들이 개그 프로그램을 방청하는 것인지 아니면 시사 프로그램을 방청하는 것인지 가늠할 수 없을 정도였으니 말이다. 아마도 그 앞에서 개그를 하는 출연자들 역시 죽을 맛이었을 것이다. 이처럼 이 두 프로그램의 엇갈린 운명은 어쩌면 방청객의 반응이 만든 것이라고 해도 과언이 아닐 것이다.

 사역자로서 여러 교회를 섬기면서 좋은 기억으로 남는 교회가 있었던 반면, 그렇지 못한 교회가 있었다는 것을 감출 수가 없다. 내가 좋은 인상을 받은 교회는 사역자의 설교에 즉각적으로 반응하는 성도들이 있었다. 그들은 목회자의 말씀을 기대하는 터라 선포되는 말씀에 '아멘'으로 화답하기를 좋아했다. 그래서 그런 분위기의 교회에서 설교를 하면 준비한 말씀보다 더 많은 은혜를 전달할 수 있게 된다.
 하지만 그와 반대가 되는 교회는 사역자들의 설교에 아무런 반응이 없었다. 아무리 재미있는 말을 해도 웃어 주지 않고, 힘주어 말씀을 강조해도 '아멘' 소리는커녕 표정하나 변하지 않는다. 이런 교회에서 사역하는 것은 솔직히 죽을 맛이다.
 "우리가 너희에게 한 말은 예 하고 아니라 함이 없노라 … 하나님의 아들 예수 그리스도는 예 하고 아니라 함이 되지 아니하셨으니 그에게는 예만 되었느니라 하나님의 약속은 얼마든지 그리스도 안에서 예가 되니 그런즉 그로 말미암아 우리가 아멘 하

*여 하나님께 영광을 돌리게 되느니라"*(고후 1:18-20).

　회중 예배는 목회자와 성도의 연합 사역이라고 할 수 있다. 그러므로 성도들은 예배를 지켜보는 것이 아닌 은혜를 받기위하여 적극적으로 마음을 열어야 한다. 그렇게 되면 설교를 통해 나타나는 성령의 은총은 갑절이나 넘칠 것이다.

　명심하자. 성도의 '아멘' 한마디가 목회자에게 많은 위안과 힘이 된다는 것을 말이다.

## 성도를 향한 목회자의 가치관

**그들이 달려 가서 거기서 그를 데려오매 그가 백성 중에 서니 다른 사람보다 어깨 위만큼 컸더라 사무엘이 모든 백성에게 이르되 너희는 여호와께서 택하신 자를 보느냐 모든 백성 중에 짝할 이가 없느니라 하니 모든 백성이 왕의 만세를 외쳐 부르니라** – 삼상 10:23-24

　사역을 하다보면 실족하여 교회를 떠나는 청년들을 보게 된다. 그들은 흔히 세상이 말하는 출세를 이루지 못하여 자신감을 잃은 자들이었다. 그래서 나는 성도에게 출세를 목적으로 축도하지 않는다. 오직 성도가 어떤 상황에도 예배할 수 있도록 격려한다.

　나는 소중한 딸의 출세를 기대하지 않는다. 만약 내가 세상의 기준으로 딸에게 기대한다면 그것에 부응하지 못한 딸은 분명 내게 부담을 느낄 것이다.

　나는 짧은 인생을 살며 많은 실패를 경험하였다. 하지만 나는 실패해도 하나님을 예배할 수 있었다. 그 이유는 하나님께서 내게 세상이 말하는 성공을 바라지 않으셨기 때문이다. 하나님은 나의 가치를 성공과 실패로 판단하지 않으셨다. 오직 그분은 있는 그대로의 내 모습을 사랑하셨고 내가 어떠한 환경에도 지배받지 않고 예배할 수 있음에 항상 자랑스러워하셨다.

　사무엘에게 약점이 하나 있었다면 그것은 성도를 판단하는 그의 가치관에 문제가 있었다는 것이었다. 그는 사울의 용모와 신장을 보며 그를 대신하여 이스라엘의 왕이 될 자가 없다고 말한다. 이 시대의 상황으로 이해한다면 성도의 가치를 그가 가진 능력이나 스펙 따위로 판단하는 것과 같은 것이다.

　이러한 그의 실수는 이스라엘의 새로운 왕을 찾기 위해 이새의 집을 방문했을 때도 드러난다. "그들이 오매 사무엘이 엘리압을 보고 마음에 이르기를 여호와의 기름 부으실 자가 과연 주님 앞에 있도다 하였더니 여호와께서 사무엘에게 이르시되 그의 용모와 키를 보지 말라 내가 이미 그를 버렸노라 내가 보는 것은 사람과 같지 아니하니 사람은 외모를 보거니와 나 여호와는 중심을 보느니라 하시더라"(삼상 16:6-7).

　교회의 가치관이 바뀌어야 한다. 목회자의 가치관이 바뀌어야 한다. 성도의 소유, 외모, 능력으로 가치를 판단하는 것이 아니라 성도가 하나님의 귀한 자녀이기에 진심어린 마음으로 그들을 사랑해야 하는 것이다. 이 시대 교회가 그렇게 변화된다면 세상에서 실패한 많은 사람들이 교회를 찾지 않을까 생각해본다.

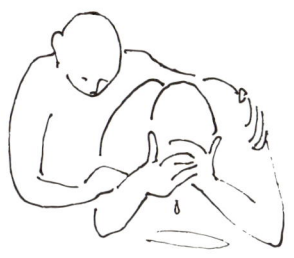

## 비판하지 말라

국민 배우라는 애칭이 있는 어느 연예인이 자살을 했다. 이 사건은 우리 사회에 큰 파장을 일으켰다. 당시 여러 언론에서는 자살의 원인을 여러 갈래로 보도했다. 그때 나의 관심을 끌었던 것은 '악플'이란 단어였다. 그녀는 생전에 자신을 향한 인터넷 악플로 인해 괴로워했었다고 한다. 그녀를 향한 악플은 여러 악성 루머를 만들어냈고 결국 그러한 소문 때문에 그녀가 우울증에 걸려 자살을 선택했다는 기사가 설득력이 있었다.

*"죽고 사는 것이 혀의 힘에 달렸나니 혀를 쓰기 좋아하는 자는*

혀의 열매를 먹으리라"(잠 18:21). 성경은 혀가 가진 권세가 사람의 생사를 주관한다고 말한다. 그러므로 성도들은 항상 말하는 것에 신중해야 한다. 특히 타인을 정죄하고 비판하는 말은 필히 금해야 할 것이다.

"외식하는 자여 먼저 네 눈 속에서 들보를 빼어라 그 후에야 밝히 보고 형제의 눈 속에서 티를 빼리라"(마 7:5). 비판이 그릇된 이유는 비판이 우상숭배의 성격을 소유하고 있기 때문이다. 사람이 타인을 비판함은 그 상대를 비판함으로 자신의 판단이 옳음을 정당화하려는 시도인 것이다.

비판은 세 사람의 영혼을 해친다고 한다. 먼저 비판은 비판하는 자의 영혼을 해치고, 또 비판 대상의 영혼을 해치며, 그리고 그 비판의 말을 함께 나누는 자의 영혼을 해치게 된다.

## 전도 문자

**너는 말씀을 전파하라 때를 얻든지 못 얻든지 항상 힘쓰라 범사에 오래 참음과 가르침으로 경책하며 경계하며 권하라** – 딤후 4:2

아내와 연애를 하던 시절, 그때는 지금처럼 휴대폰을 마음껏 사용할 수 없었다. 통신료가 워낙 비쌌기 때문이다. 그래서 나는 문자 메시지를 마음껏 사용할 수 있는 요금제를 선택하여 떨어져 있는 아내와 문자로 애틋함을 나누었다. 그런데 그렇게 마음껏 문자 메시지를 사용했는데도 한 달에 할당된 문자 메시지를 다 사용할 수 없었다. 그래서 나는 휴대폰 메시지를 통해 복음전파를 계획하고 불신자들의 전화번호로 하나님의 말씀을 전송했다. 내가 그렇게 복음을 전했던 사람들 중에서는 내가 양육했던 유초등부 아이들의 부모님들도 있었다.

시간은 정말 빨리 흐른다. 아내와 데이트를 즐겼던 시절이 가고 결혼도 하고 목사 안수도 받았다. 그리고 패기 넘쳤던 전도사 시절도 가고 어느새 한 교회의 담임목회자가 되었다. 어느 날 교회에 있는데 전화벨이 울렸다. 전화를 받아보니 처음 듣는 여성의 목소리였다. "전도사님 아니세요?" 나는 호칭이 더욱 부담스럽게 느껴졌다. 목사안수를 받은 지가 언제인데 나를 아직도 전도사라고 부르는 이 사람은 과연 누구일까?

"저 OO이 엄마에요." 이름을 곰곰이 생각해보니 한 아이의 얼굴이 불현 듯 떠올랐다. 내가 처음 전도사가 되어 사역했던 교회의 유초등부학생이었다. 나는 그제야 그녀에 대한 경계의 마음을 풀고 반갑게 인사를 건넸다. 그런데 한참을 서로의 안부를 묻고 나니 그녀가 내게 전화한 이유가 궁금해졌다. 그래서 나는 조심스럽게 그녀에게 무슨 용건인지 물었다.

"전도사님, 기억하세요? 예전에 한참동안 저에게 문자 메시지 보내주셨잖아요. 그때 저는 불교신자였어요. 그런데 전도사님께서 그 사실을 모르셨는지 성경말씀이 담긴 문자를 매일 보내주시는 거예요. 처음에는 문자가 올 때마다 화도 나고 짜증이 나서 아이들을 교회에 안 보내려고 했었어요. 그런데 보내주셨던 문자 메시지들이 제 마음속에서 지워지지 않더라고요. 그간 제게 힘든 시기가 있었는데 신기하게도 전도사님께서 보내주셨던 메시지가 생각에서 자꾸 떠오르는 거예요. 그래서 오래된 핸드폰을 찾아서 다시 복음이 담긴 메시지를 찾아봤답니다. 그런데 그 말씀이 모두 저를 향한 말씀이더라고요. 지금은 그 문자 덕분에 예수님 영접하고 교회 잘 섬기고 있습니다. 그래서 감사 인사드리려고 이렇게 연락드렸어요."

그 말을 듣는 순간 나는 온몸에 전류가 흐르는 것처럼 소름이 돋고 말았다. 그것은 가볍게 보냈던 문자 메시지로 예수님을 영접한 사람이 나타나서가 아니었다. 복음을 전하는 성도들 위에서 역사하시는 하나님의 자비와 능력을 보았기 때문이었다. 내가 보냈던 하찮은 문자메시지가 무슨 능력이 있겠는가? 오직 그것을 통하여 한 영혼을 감화와 감동을 시키시고 끝까지 포기하시지 않는 하나님의 은혜가 나를 자극했던 것이다.

"너희는 맞은편 마을로 가라 그리하면 곧 매인 나귀와 나귀 새끼가 함께 있는 것을 보리니 풀어 내게로 끌고 오라 만일 누가 무슨 말을 하거든 주가 쓰시겠다 하라 그리하면 즉시 보내리라 하시니"(마 21:2-3).

명심하자. 세상에 매인 영혼들에게 우리가 해야 할 일은 오직 주의 말씀을 전하는 것뿐이다.


## 성도의 외식

이르시되 이사야가 너희 외식하는 자에 대하여 잘 예언하였도다 기록하였으되 이 백성이 입술로는 나를 공경하되 마음은 내게서 멀도다 – 막 7:6

한 대형교회를 출석하는 성도와 교제를 하던 중 재미있는 이야기를 들은 적이 있다. 교회에서 식당 봉사자를 구인했는데 헌신하는 성도들이 적어서 봉사자가 아닌 시급자를 세워야 하는 실정이라는 것이었다. 성도들이 넘쳐나는 대형교회에서 봉사자를 구하는 것에 애를 먹고 있다니 나는 도무지 이해가 되지 않았다. 그런데 더 재미있는 것은 많은 사람의 이목을 끄는 찬양단에는 늘 헌신하려는 자들이 넘쳐났다는 것이다.

대형교회의 성도들이 식당봉사를 꺼리는 이유는 자신의 헌신이 타인에게 쉽게 드러나지 않기 때문이다. 하지만 그런 그들이 교회를 떠나 삶에서 하나님을 의식할리 만무하다.

## '내'가 없이도

**그러므로 바리새인들도 그가 어떻게 보게 되었는지를 물으니 이르되 그 사람이 진흙을 내 눈에 바르매 내가 씻고 보나이다 하니 바리새인 중에 어떤 사람은 말하되 이 사람이 안식일을 지키지 아니하니 하나님께로부터 온 자가 아니라 하며** – 요 9:15-16

나는 하나님께서 공급해주시는 은혜를 경험할 때마다 감사드린다. 하지만 그런 은혜가 나의 것이 아니라 내 이웃의 것이라면 나는 감사하지 않는다. 그것은 말 그대로 남의 일이기 때문이다.

바리새인들은 율법의 잣대로 맹인을 치료하신 예수님의 행위를 판단하고 있다. 평생 앞을 보지 못했던 형제의 개안은 그들에게는 관심 밖의 일이었던 것이다.

*"너희가 만일 너희를 사랑하는 자만을 사랑하면 칭찬 받을 것이 무엇이냐 죄인들도 사랑하는 자는 사랑하느니라"*(눅 6:32).

나는 그동안 스스로 사랑이 충만한 사역자라고 착각하며 살아왔다. 하지만 언젠가 내 안에 자리 잡은 사랑이라는 감정을 묵상하던 중 그것이 예수님의 사랑과 큰 차이가 있음을 깨닫게 되었다. 예수님은 가난하고 연약한 자들을 사랑하셨지만 나는 내 기준에 부합한 이웃만을 사랑해왔던 것이다.

*"바로가 사람을 보내어 모세와 아론을 불러 그들에게 이르되 이번은 내가 범죄하였노라 여호와는 의로우시고 나와 나의 백성은 악하도다"*(출 9:27).

나는 사과를 잘하는 사람이다. 하지만 그런 나의 감정 뒤에는 나의 이미지를 지키고자 하는 이기심이 자리 잡고 있었다. 다시 말해 내가 했던 대부분의 사과의 말은 상대를 배려하는 것이 아닌 나의 실수를 겸손으로 가장하려는 사특한 행위였던 것이다.

"감사합니다." "사랑합니다." "미안합니다." 나의 유익과 나의 기준이 없이도 쉽게 고백할 수 있는 말이 되길 바란다.

## 예배는 사랑의 증거다

**오직 나는 주의 풍성한 사랑을 힘입어 주의 집에 들어가 주를 경외함으로 성전을 향하여 예배하리이다** – 시 5:7

신학생 시절 홀로 하나님을 예배하는 것을 가장 행복하게 여겼던 때가 있었다. 함께 자취를 했던 선배의 기타를 매고 어설픈 찬양을 올리고 기도하는 정도였지만 내 마음만큼은 늘 열정적이었다.

하루는 자취방에서 나 혼자만의 집회를 열겠다고 계획하고 여러 곡의 찬양과 설교도 준비했다(목사님처럼 정장도 입었었다). 그렇게 저녁이 되어 나는 작은 방에 서서 홀로 예배를 드렸다. 얼마나 뜨겁게 예배를 했는지 얼굴은 땀범벅이 되어가고 있었고 눈에는 참회의 눈물이 흐르고 있었다. 그렇게 한참을 예배하고 눈을 떴을 때 나는 작은 방 안에 가득한 연기를 볼 수 있었다. 눈을 비벼 보았지만 그 자욱한 연기는 헛것이 아니었다.

"시내 산에 연기가 자욱하니 여호와께서 불 가운데서 거기 강

*림하심이라*"(출 19:18). 살아계신 하나님께서 부족한 나의 예배가운데 임재 하셨던 것이다.

대부분의 성도들은 너무 쉽게 하나님을 사랑한다고 고백한다. 하지만 성경적 사랑은 말과 혀로만 하는 것이 아닌 행함과 진실함으로 하는 것이다(요일 3:18). 그러므로 사랑에는 그에 따른 증거가 분명히 존재해야 한다.

"보고 있어도 보고 싶은 보고 있어도 보고 싶은 그대여" 세상 사람들이 부르는 유행가 가사의 한 소절이다. 그런데 이 가사는 도무지 말이 안 된다. 사랑하는 상대를 지금 눈앞에서 보고 있는데 또 무엇이 보고 싶단 말인가? 하지만 사랑에 빠진 자들의 감정만큼은 충분히 전달되는 듯하다. 나는 이러한 감정이 하나님을 섬기는 성도들에게도 동일하게 적용이 된다고 믿는다. 그들도 유행가의 가사처럼 하나님을 만나기를 갈망하며 날마다 예배를 사모하게 될 것이다. 왜냐하면 예배는 하나님을 만날 수 있는 유일한 통로가 되기 때문이다. 그래서 하나님을 향한 성도의 사랑은 예배의 사모함으로 증명된다고 해도 과언이 아니다.

## 부족한 자들의 교회

이스라엘 목자들은 화 있을진저… 너희가 그 연약한 자를 강하게 아니하며

> 병든 자를 고치지 아니하며 상한 자를 싸매 주지 아니하며 쫓기는 자를 돌아오게 하지 아니하며 잃어버린 자를 찾지 아니하고 다만 포악으로 그것들을 다스렸도다 – 겔 34:2-4

전도사 초년병 시절, 나는 신학교 근처에서 혼자 자취를 했었다. 그러다보니 끼니를 잘 챙겨 먹지 못했다. 그때 나의 사정을 아시는 한 권사님께서 주일마다 나를 집으로 부르셔서 저녁을 챙겨 주셨다. 권사님 댁을 처음 방문한 날, 나는 권사님께서 아들과 함께 지내고 계시는 것을 처음 알게 되었다. 왜냐하면 아들이 한 번도 교회에 나온 적이 없었기 때문이었다. 나는 식사를 하면서 권사님께 왜 아드님과 함께 교회에 나오지 않으시냐고 여쭤보았다. 그러자 권사님께서는 나에게 이렇게 말씀하셨다. "우리 아들 병신 만들라고 내가 교회를 데리고 나가나?" 알고 보니 권사님의 아들은 지적 능력이 조금 부족한 분이었다.

당시 내가 사역했던 교회에는 화장실 청소나 쓰레기 분리수거 등 남들이 마다하는 궂은일들을 성실하게 감당하는 한 성도가 있었다. 하지만 안타깝게도 그는 지적 장애를 가지고 있었다. 그래서인지 많은 성도들은 그를 가까이하지 않았다. 한번은 야유회가 있었는데 그날 아무리 찾아도 그 성도가 보이지 않았다. 그래서 나는 한 집사님에게 그 성도가 왜 나오지 않았는지를 물었다. 그런데 집사님께서 이렇게 말씀하셨다. "전도사님 모르시는구나. 우리 교회 사모님이 그 성도를 별로 안 좋아하세요. 그래서 야유회 오는 것도 알리지 않았어요." 그 좋은 날 내 마음은 너무 무겁고 씁쓸했다.

교회는 죄인들이 숨 쉴 수 있는 곳이어야 한다. 즉 세상에서 소외받는 가난한 자들, 병자들이 교회 안에서는 편하게 웃으며 예배할 수 있는 곳이어야 한다는 것이다. 하지만 안타깝게도 그런 기능을 하는 교회들이 점점 사라지고 있는 듯하다.

## 단단한 음식은 장성한 자의 것이다

**이는 젖을 먹는 자마다 어린 아이니 의의 말씀을 경험하지 못한 자요 단단한 음식은 장성한 자의 것이니 그들은 지각을 사용함으로 연단을 받아 선악을 분별하는 자들이니라** – 히 5:13-14

신학생 시절 집과 학교가 너무 멀어 통학하는데 많은 어려움이 따랐다. 직접 차를 몰고 두 시간이 넘는 거리를 오가야 했다. 오후 늦게 수업을 마치면 허기가 져서 운전하는 것조차 힘들었다. 하루는 너무 배가 고파서 고속도로에 있는 휴게소에 들렸다. 가판 먹거리와 음식들이 넘쳐났지만 내 눈에 꽂힌 음식은 라면이었다. 사실 당시 식도염을 앓고 있던 중이라 자극적인 음식을 즐겨 먹지 않았던 때였다. 그런데 그날은 유난히 라면이 입맛을 당겼다. 그래서 나는 잠시 몸 생각을 접어두고 라면을 주문했다. 생각했던 것보다 빠르게 음식이 나왔고, 나는 게 눈 감추듯 라면을 해치웠다. 역시 인스턴트 음식은 맛이 좋았다. 하지만 나는 그날 저녁 식도의 통증으로 인해 잠을 제대로 이룰 수가 없었다. 맛있는 라면이었지만 내 몸에는 오히려 해가 되었던 것이다.

지난날 사람들은 생계를 목적으로 음식을 섭취했다. 하지만 더 이상 생계를 위해 음식을 섭취하는 사람은 없다. 그만큼 먹을거리가 풍성해진 것이다. 그래서 대부분의 사람들은 맛만을 기대하며 음식을 섭취한다.

이러한 방식은 영의 양식(설교)을 기대하는 성도들의 모습에도 동일하게 나타난다. 설교의 포화가운데 살아가는 그들은 더 이상 회개를 목적으로 하나님의 설교를 듣지 않는듯하다. 그들이 기대하는 설교는 오직 자신의 귀를 즐겁게 하는 만담이다.

성도의 신앙은 말씀을 듣는 자세에서 드러난다. 그래서 성숙한 성도는 심령을 찌르는 설교에 귀를 닫지 않는다. 더욱 귀를 세우고 말씀으로 자신의 심령을 조명한다. 하지만 미성숙한 성도는 자극 없고 듣기 편한 설교만을 고수한다. 물론 그러한 설교는 결국 성도의 영혼을 피폐하게 만든다. 맛좋은 라면이 몸에는 해로운 것처럼 말이다.

3장

# 회개하지 아니하면
(눅 13:4)

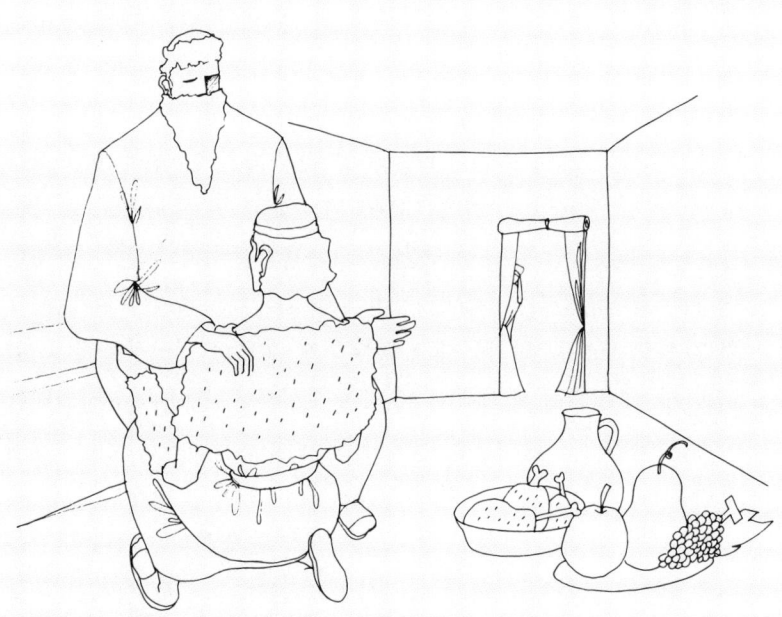

## 참된 회개

**세리는 멀리 서서 감히 눈을 들어 하늘을 쳐다보지도 못하고 다만 가슴을 치며 이르되 하나님이여 불쌍히 여기소서 나는 죄인이로소이다 하였느니라** - 눅 18:13

자신이 죄인이라고 말하는 성도들이 회개를 거부하고 있다. 왜냐하면 그들은 회개의 참된 의미를 바로 알지 못하기 때문이다. 그들은 죄를 짓지 않으면 회개를 할 필요가 없다고 판단한다. 그래서 가능하면 죄를 짓지 않으려 한다. 회개할 일을 만들지 않는 것이다.

어느 주일이었다. 내 설교를 코앞에서 듣던 한 형제는 고개를 숙인 채 깊은 한숨을 계속 내쉬었다. 예배 후 사무실로 찾아온 그는 나에게 상담을 요청하였다. 그는 이성 교제로 인한 죄책감에 사로잡혀있었다. 문란한 성관계가 주된 이유였다. 형제는 그런 자신의 모습을 하나님께서 기뻐하지 않으신다는 것을 알고 있지만 항상 육체적 쾌락에 무너져버리는 자신이 너무 수치스럽다고 토로하였다. 나는 그런 형제에게 따갑게 질문을 던졌다. 그런 더러운 모습으로 어떻게 예배드릴 생각을 했는지 따져 물었던 것이다. 대개는 이런 질문에 성도들은 오히려 강퍅해지거나 자신을 위로해주지 않는 목회자를 외면하려고 한다. 그런데 형제는 눈물을 터뜨리며 이렇게 답했다. "저 같은 놈이 예배라도 드려야 구원을 받을 수 있을 것 같아서 그랬습니다. 죄송합니다." 나는 그의 말을 듣고 함께 눈물을 흘렸다.

"달린 행악자 중 하나는 비방하여 이르되 네가 그리스도가 아니냐 너와 우리를 구원하라 하되 하나는 그 사람을 꾸짖어 이르되 네가 동일한 정죄를 받고서도 하나님을 두려워하지 아니하느냐 우리는 우리가 행한 일에 상당한 보응을 받는 것이니 이에 당연하거니와 이 사람이 행한 것은 옳지 않은 것이 없느니라 하고 이르되 예수여 당신의 나라에 임하실 때에 나를 기억하소서 하니"(눅 23:39-42).

예수님의 좌우편에 못 박힌 강도들은 이 시대를 살아가는 두 부류의 성도로 이해할 수 있다. 그들은 모두 나름 십자가를 지고 신앙생활을 하고 있다. 하지만 그들은 모두 강도와 같은 죄인이다. 그중에 어느 한 명이 더 낫거나 덜하지 못하다. 모두 똑같은 처지의 죄인일 뿐이다. 그런데 좌편 행악자는 그 사실을 알지 못하는듯하다. 그는 십자가를 지고 있지만 정작 자신의 죄를 깨닫지 못하여 예수님을 핍박하였다 반면 우편의 행악자는 자신의 추악한 모습을 통해 구원의 희망이 없음을 깨달았다. 그래서일까? 그는 예수님을 붙잡기로 작정하였다. 그 결과 우편강도는 자기 자신의 의가 아닌 예수님의 긍휼과 죄 사함으로 구원을 얻을 수 있었다. "예수께서 이르시되 내가 진실로 네게 이르노니 오늘 네가 나와 함께 낙원에 있으리라 하시니라"(43절)

전지전능하신 하나님께서 왜 이 땅에 죄를 남겨두셨을까? 그분은 우리가 죄를 범하는 것을 그렇게 거부하시는데도 말이다. 하나님께서 이 세상에 죄를 두신 이유는 성도가 그 죄를 범하여 자신이 얼마나 완악한 존재인지를 깨닫게 하시기 위한 선한 의도가 있기 때문이다. 그런데 어떤 성도들은 자신이 범죄 하면서도 예수님을 불신하고 어떤 성도들은 그 죄로 말미암아 자기부정을 이뤄 예수님의 은혜만을 붙드는 것이다.

예배시간에 한숨을 내쉬었던 그 형제는 그 후에도 나를 자주 찾아왔다. 우리는 그런 교제의 시간을 통해 하나님의 크신 사랑을 배우며 함께 성장해 나갔다. 시간이 많이 흘렀지만 그 형제는 아직도 나의 양육을 받는 사랑스러운 제자이다.

## 화이트

**허물의 사함을 받고 자신의 죄가 가려진 자는 복이 있도다** – 시 32:1

이방 종교에 심취한 자들은 사람이 종교적인 행위(구제나 연보, 고행, 자기수련 등)에 힘쓰다보면 어느 경지에 올라 구원과 영생할 수 있다고 주장한다. 특히 불교에서는 깨달음을 통해 득도하면 성불할 수 있다고 믿는다. 그래서 기독교를 제외한 세상의 모든 종교는 지우개에 비유할 수 있다. 왜냐하면 그들은 자신들이 말하는 선행을 통해서 자신들의 죄의 문제가 해결되어 영생에 이를 수 있다고 주장하기 때문이다.

물론 기독교의 이념도 그와 유사하게 느껴진다. 성도가 그리스도 예수 안에 머무르면 새로운 피조물이 되어 의인이라 칭함을 받게 됨이 기독교가 말하는 중생의 한 과정이기 때문이다(고후 5:17). 하지만 기독교와 이방종교는 사람을 소생케 하는 방식 자체가 상이하다.

이방 종교가 '지우개'와 같다면 우리 기독교는 '화이트'라 할 수 있다. 지우개나 화이트는 모두 오기된 글자를 수정하는 도구지만 이 둘의 양상은 서로 다르게 나타난다.

화이트는 오기된 글자 위에 페인트 액을 덧발라 수정한다. 하지만 그것은 지우개처럼 오기된 글자가 완전히 사라지는 것은 아니다. 엄밀히 따지면 지워지는 것이 아닌 '가려진다'는 표현이 옳을 것이다. 만약 우리가 화이트를 임의로 떼어 낸다면 잘못된 글자는 금세 드러나게 될 것이다.

*"임금이 손님들을 보러 들어올새 거기서 예복을 입지 않은 한 사람을 보고 이르되 친구여 어찌하여 예복을 입지 않고 여기 들어왔느냐 하니 그가 아무 말도 못하거늘"*(마 22:11-12). 우리가 의복을 입는 가장 주된 이유는 몸을 보호하기 위함도 아니고 추위를 피하기 위함도 아니다. 우리는 '수치'를 가리기 위해서 입는다.

(그런 이유가 아니면 무더운 여름 홀랑 벗고 다니면 될 것을 왜 굳이 옷을 걸치고 다니느냐는 말이다.)

왜 구원을 갈망하는 성도에게 예수 그리스도의 보혈이 불가분의 조건이 되는가? 그 이유는 오직 보혈만이 인간의 원죄를 완벽하게 가릴 수 있기 때문이다. 그래서 나는 기독교의 복음을 화이트로 표현한 것이다. "*여호와 하나님이 아담과 그의 아내를 위하여 가죽옷을 지어 입히시니라*"(창 3:21).

시대를 불문하고 사람이 가진 물욕이나 학구열은 사라지지 않는 것처럼 보인다. 그들이 그렇게 재물과 학식에 탐을 내는 이유는 그것들로 자신의 허물을 지울 수 있다고 믿기 때문이다. 다시 말해 그들은 사람이 지닌 능력이 허물을 소멸할 수 있다고 믿는 우상숭배자들인 것이다.

당신은 무엇으로 당신의 허물을 가리고 있는가?

## 기도하지 않는 죄

**지금까지는 너희가 내 이름으로 아무 것도 구하지 아니하였으나 구하라 그리하면 받으리니 너희 기쁨이 충만하리라** – 요 16:24

무더운 여름, 집 밖에서 개 짖는 소리가 들렸다. 흔히 개들은 낯선 사람이 나타나면 심하게 짖는다. 하지만 나가보니 아무도 없었다. 그런데 개는 계속해서 짖어댔다. 또다시 밖으로 나가 자세히 살펴봐도 누군가의 흔적을 찾을 수는 없었다. 그러기를 여러 번 반복하니 나중에는 인내심에 한계를 느껴 개를 한 대 쥐어박으려 나갔다. 그런데 그 순간 내 눈에 들어온 것이 있었다. 그것은 더운 날 텅 비워져있는 밥그릇이었다. 깨끗한 물을 떠서 개의 밥그릇에 담아주었다. 개는 한참 동안 허겁지겁 물을 먹었고 더 이상 짖지 않았다.

언젠가 한 성도와 식사를 하며 교제했던 일이 생각난다. 그 성도는 나에게 자신의 사업에 대한 고충을 이야기했다. 그래서 나는 그런 사업장의 문제를 놓고 하나님께 간절히 기도하여 응답을 받으라고 조언했다. 그랬더니 이 성도가 목회자인 날 가르치듯 이렇게 말한다. "하나님께서 사람에게 지혜를 주셨는데 뭐 그런 것까지 기도해서 응답을 받습니까?"

한낱 미물인 개도 물이 없으면 짖는다. 그런데 왜 사람이 주인 되시는 하나님께 기도하지 않는 것일까? 그 이유는 내가 만난 성도가 말한 것처럼 사람이 머리가 너무 좋은 탓이다.

오늘도 어리석은 사람들은 자신의 잔머리가 지혜인줄 착각하며 살아간다. 하지만 참 지혜는 결코 사람 안에서 날 수 있는 것이 아니다. 지혜는 오직 하나님께 속한 것이다. 그래서 현명한 성도는 작은 일도 하나님께 기도하여 응답받고 평안한 삶을 영위한다.

## 차라리 낮은 자존감을 소유하라

**모세가 이르되 오 주여 보낼 만한 자를 보내소서** – 출 4:13

　제목이 참 재미있다. 낮은 자존감을 소유하라니 말이다. 하지만 이 말은 성도에게 세상에서 기 죽어 살라는 말이 결코 아니다.

　대부분 세상이 정의하는 건강한 자존감이란 지식과 능력을 함양하여 자기계발과 자아성취를 이룬 것을 말한다. 하지만 그런 의미로 자존감을 정의한다면 성경에 기록된 믿음의 선조들은 하나같이 낮은 자존감을 소유한 사람들일 뿐이다. 모세가 하나님을 만났을 때 그는 살인자가 되어 자존감이 땅바닥을 치고 있었고(출 4:13), 하나님을 만나기전 믿음의 선조 아브라함과 사무엘의 어머니 한나는 그렇게 소망했지만 자녀를 갖지 못하여 늘 우울한 삶을 살고 있었다(삼상 1:7).

　결정적으로 세상이 말하는 건강한 자존감과 성경이 말하는 건강한 자존감이 동일한 것이라면 최소한 하나님께서는 자신의 백성들이 애굽에서 종살이 하는 것만은 면하게 하셔야 했다. 생각해보라. 노예에게 무슨 자존감이 있었겠으며 무슨 소신이 있었겠는가? 하지만 세상의 논리로 이해가 되지 않는 것은 우리 하나님께서 그런 낮은 자존감을 소유했던 그들에게 찾아가셔서 소명을 허락하셨다는 것이다. 그러므로 이 글의 제목이 말하는 낮은 자존감이란 성도의 자기부정을 뜻하는 것이라 할 수 있다.

그렇다면 왜 하나님은 성도에게 자기신뢰가 아닌 자기부정을 원하시는 것일까? 그 이유는 '하나님의 말씀을 믿게 하기 위해서'이다. 요즘은 해박한 신학지식과 성경상식을 자랑하는 성도들이 허다하다. 내 주위에도 그런 분들이 다수 존재한다. 신학교를 다니는 장로님이 있는가 하면 성경을 더 깊이 연구한다며 히브리어를 공부하는 권사님도 있다. 하지만 나는 그런 노력이 그들의 심령까지 풍성하게 한다고 믿지 않는다. 이유는 그들은 체험이 아닌 지식으로 신앙척도를 삼기 때문이다. 신학은 자신의 가치와 명예를 높이기 위해 공부하는 것이 아니다. 또한 성경 원어공부도 진정한 살아있는 하나님의 말씀을 깨닫는 통로가 되면 좋으련만 자신의 지식을 자랑하는 수단으로 사용된다. 이렇듯 '앎'을 추구하게 되면 삶에서 드러나야 할 그리스도의 향기를 찾아볼 수가 없게 된다.

*"이에 베드로는 옥에 갇혔고 교회는 그를 위하여 간절히 하나님께 기도하더라"*(행 12:5). 이 말씀은 복음을 전하다가 옥에 갇힌 베드로의 석방을 위해 마가의 집에 모여 간절히 기도하는 성도들의 모습이다. 그런 그들의 기도가 응답된 것이었을까? 하나님께서는 천사를 보내셔서 옥중에 있던 베드로를 출옥시켜주셨다. 하

지만 성경은 그들의 믿음에 문제가 있음을 지적한다. "베드로가 대문밖에 섰더라 하니 그들이 말하되 네가 미쳤다 하나"(14-15절). 그들은 기도는 열심히 했지만 정작 무엇을 위해 기도했는지에 대해서는 망각하고 있었던 모양이다. 하나님의 능력보다는 자신들의 이성과 상식에 사로잡혀 베드로의 출옥을 전했던 여자 아이를 정신 나간 것으로 취급했으니 말이다.

성도가 하나님의 말씀을 신뢰하기 위해서는 자기부정이 필수라 할 수 있다. 자기 자신을 믿지 않아야 하나님을 믿을 수 있기 때문이다. 지난날 아주 미약한 믿음을 소유했을 때 믿음의 선조들의 죄를 낱낱이 기록한 성경이 도무지 이해되지 않은 적이 있었다. 간음하고 살인교사죄를 저지른 다윗, 살인자 모세, 사기꾼 야곱, 배신자 베드로, 살인자 바울… 그런데 이제는 하나님의 의도가 희미하게나마 조금 보이는 것 같다. 그것은 단적으로 표현하자면 우리 모두는 믿을만한 존재가 아니라는 것을 상기시켜 준다고도 할 수 있겠다.

하나님의 음성을 듣고 자신의 아들을 잡으려 한 아브라함, 맑은 하늘아래 방주를 제작한 노아, 부정한 창녀와 결혼한 호세아 등 우리가 세상이 말하는 논리로 접근한다면 우리도 그들을 미쳤다 정죄해야 할 것이다(행 12:15). 하지만 그들의 믿음이 놀라운 것은 그들은 하나님의 음성을 이해관계로 해석하지 않았다는 것이다. 우리는 여기서 성도의 자기부정이 어떠한 선한 열매를 거두게 되는 지를 깨달아야 한다.

성도의 신앙생활에 '자기부정'이 절대적 가치인 이유는 하나님을 향한 믿음과 순종이 자기부정으로부터 연유하기 때문이다.

## 이해를 초월한 믿음

**좋은 소식을 전하며 평화를 공포하며 복된 좋은 소식을 가져오며 구원을 공포하며 시온을 향하여 이르기를 네 하나님이 통치하신다 하는 자의 산을 넘는 발이 어찌 그리 아름다운가** – 사 52:7

내게는 사랑하는 제자들이 있다. 그들은 나의 상급이고 하나님께 드려질 아름다운 열매들이 분명하다. 내가 매력이 있어서일까? 나의 제자들은 대체로 자매들이 주를 이룬다(물론 농담이다). 그들은 남들에게 말하기 어려운 부분을 내게 서슴없이 이야기한다. 그만큼 그들은 나를 신뢰하고 있는 듯하다. 그렇다면 제자들은 왜 나를 신뢰하는 것일까?

내가 양육하고 있는 제자들은 내가 시무하는 교회를 출석하지 않는다. 하지만 나는 그들을 나의 양떼로 여기며 일주일에 한두 번 먼 길을 찾아가 그들에게 하나님의 말씀을 전한다.

내가 그들 개개인을 돌보는 이유는 한 영혼이 천하보다 귀하다는 하나님의 말씀이 깊이 사무치기 때문이다. 나는 그들이 나를 신뢰하는 이유를 정확하게 알고 있다. 그것은 목회자로서의 영혼 사랑을 그들도 느꼈기 때문이다. 나는 그 어디든 시간과 돈을 아끼지 않고 찾아가 하나님의 말씀을 전하고 신앙인의 복된 삶을 살도록 격려했다. 비록 같은 교회 식구는 아니더라도 나의 작은 수고가 그들에게 신앙의 유익을 주어 출석교회에 더욱 충성했으면 하는 목회자의 마음이 작용했기 때문이다.

한 여 집사님과 교제 중 나눈 이야기다. 나는 그분의 간증을 듣고 싶어 하나님을 영접한 계기에 대해 질문을 했다. 그런데 집사님께서는 다소 엉뚱한 대답을 했다. 자기에게는 두 딸이 있었는데 자신과 남편보다 그 두 딸이 먼저 교회를 나가기 시작했다고 한다. 그 교회는 아주 작고 허름한 상가교회였다. 아이들은 교회 가는 것을 좋아했고 툭하면 부모에게도 함께 교회에 가자고 전도를 했다. 그런데 어느 날 재정적인 이유로 교회는 없어졌고 목사님은 자신의 고향인 수안보로 내려가게 되셨다. 그런데 이게 웬일인가? 예배의 처소가 없어진 상황에도 두 딸은 변함없이 주일에 교회를 간다고 나가는 것이었다. 알고 보니 어린 주일학교 아이들을 사랑하셨던 목사님께서 주일마다 수안보에서 서울까지 올라와 초등학교 운동장 구석에서 예배를 드렸던 것이다. 어느 주일 아침, 갑자기 비가 오자 아이들이 걱정되었던 집사님은 우산을 들고 운동장으로 나갔다. 그런데 목사님께서 아이들과 함께 차안에서 예배를 드리고 있는 모습을 목도하게 되었다. 집사님께서는 왜 자신이 예수님을 믿게 되었는지 설명하지 않으셨다.

하지만 직접 듣지 않아도 난 알 수 있었다. 연약한 목회자의 이해되지 않는 사역을 통해 하나님을 믿는다는 것이 무엇인지를 깨달았던 것이다. 이 글을 읽고 있는 여러분들에게 질문하고 싶다. 당신은 어린 심령 몇 명 때문에 먼 곳에서 서울까지 올라온 목회자가 이해가 되는가? 나는 이해가 되지 않는다. 하지만 확실한 것은 나는 그런 그의 선택이 하나님께서 기뻐하시는 사역이라 확신한다.

사실 나는 하나님을 이해하지 못한다. 이스라엘 백성을 살리겠다고 자신의 아들을 십자가에 못 박은 까닭을 이해할 수 없다. 하지만 나는 그런 이해되지 않는 하나님께 매료되어 목사가 되었다.

## 교통법규부터 지키시오. 아멘

**그 때에 내가 그들에게 밝히 말하되 내가 너희를 도무지 알지 못하니 불법을 행하는 자들아 내게서 떠나가라 하리라** – 마 7:23

「맞아 죽을 각오를 하고 쓴 한국, 한국인 비판」이라는 책을 본 적이 있다. 이 책을 저술한 일본인 '이케하라 마모루'(池原衛)는 한국에서 26년을 살면서 자신의 입장에서 이해가 되지 않았던 한국인들의 문화를 꼬집어 비판했다.

그런데 그 책의 내용 중 내 눈을 사로잡은 한 소제목이 등장한다. "교통법규부터 지키시오. 아멘." 왜 저자는 아멘이라는 단어를 사용한 것일까? 나는 궁금증을 가지고 글을 읽어 나가기 시작했다.

저자가 살았던 서울의 한 마을에는 대형교회가 있었다고 한다. 그런데 주일만 되면 교회를 방문한 성도들이 불법 주차, 교통 혼잡, 크고 작은 교통사고를 일으켜 소란스러웠다는 것이다. 결국 저자의 주장은 하나님의 말씀을 따르기 전에 제발 타인에게 피해나 주지 말라는 당부였다.

이 시대 목회자는 더 이상 존경의 대상이 아닐지도 모른다. 성경을 설교하는 목사는 많지만, 성경대로 살아가는 목회자는 희소하기 때문이다. 만약 우리의 신앙이 교회 안을 초월한 삶이 된다면 우리 이웃들에게도 해가 될 일은 없지 않을까 하고 생각해 본다.

## 자기부정과 하나님의 응답

**여호와여 나는 가난하고 궁핍하오니 주의 귀를 기울여 내게 응답하소서**
– 시 86:1

회개로 자기부정을 이룬 성도들의 특징은 하나님의 응답을 삶의 지표로 삼는다는 것이다. 그래서 그들은 항상 기도에 힘쓰며 하나님께서 자신의 삶을 친히 인도하시길 잠잠히 기다린다. 반면 자기부정을 이루지 못한 성도들은 하나님의 응답이 아닌 자신의 이성을 의지하여 모든 일을 조급하게 처리한다. 결국 그들은 하나님을 믿는다고 말하지만 하나님이 아닌 자기의 이성을 믿는 불신자들인 것이다.

이스라엘의 초대 왕이었던 사울과 그를 이어 두 번째 왕위에 올랐던 다윗은 자기부정의 유무를 쉽게 설명할 수 있는 대표적인 인물들이라 할 수 있다.

사실 하나님의 입장에서 신앙의 가부는 성도가 지닌 윤리관 따위로 결정되는 것이 아니다. 그러한 기준으로 판단한다면 사울보다는 간음하고 살인교사까지 했던 다윗이 더욱 큰 죄인이기 때문이다. 성도의 신앙은 오직 자신을 부정하고 하나님의 응답을 기다리는 자세로 증명된다. 다윗은 그런 관점에서 볼 때 온전한 회개를 이룬 자라 할 수 있다.

*"다윗이 하나님께 물어 이르되 내가 블레셋 사람들을 치러 올라가리이까 주께서 그들을 내 손에 넘기시겠나이까 하니 여호와께서 그에게 이르시되 올라가라 내가 그들을 네 손에 넘기리라 하신지라"* (대상 14:10).

다윗은 블레셋과의 전쟁을 앞두고 있었다. 하지만 그는 자신의 본능에 순응하지 않았다. 그러한 위급한 상황에도 하나님을 찾아 응답받기를 원했던 것이다.

하지만 사울은 다윗과 반대로 하나님께 묻고 응답을 받는 신앙생활을 스스로 거부하였다. "*사울이 죽은 것은 여호와께 범죄하였기 때문이라 그가 여호와의 말씀을 지키지 아니하고 … 여호와께 묻지 아니하였으므로 여호와께서 그를 죽이시고 그 나라를 이새의 아들 다윗에게 넘겨 주셨더라*"(10:13-14).

다윗과 사울의 명암은 응답을 기다리는 자세를 통해 갈렸던 것이다.

## 연단하셔서 사용하신다

**보라 내가 너를 연단하였으나 은처럼 하지 아니하고 너를 고난의 풀무 불에서 택하였노라** – 사 48:10

언젠가 텔레비전에서 포도에 관련된 교양프로그램을 흥미롭게 본 적이 있다. 경북 영천은 전국 제일의 포도 주산지라고 한다. 그만큼 포도의 당도와 품질이 우수하다. 그래서인지 텔레비전에 비춰진 영천 포도는 빛깔도 좋고 무척이나 먹음직스러워 보였다. 포도원 농부는 인터뷰를 통해 포도의 당도를 높이는 비법을 공개하겠다고 했다. 그리고는 수확한 포도를 돗자리 위에 펼쳐 일광을 시키기 시작했다. 그 모습을 유심히 지켜보던 리포터는 왜 포도에 햇볕을 쬐는지 질문했다. 이에 농부는 이렇게 답한다. "포도가 따가운 햇볕을 받으면 스트레스를 받아서 포도알에 당분과 탄력이 생겨요. 그렇게 저희 영천포도는 상품성 좋은 포도가 되는 겁니다."

모세의 인도를 받아 출애굽을 했던 이스라엘 백성들은 하나님께서 자신들을 비옥한 땅으로 인도하실 거라 기대하고 있었다. 하지만 하나님께서는 그들을 '광야'로 인도하셨다. 그들은 그러한 하나님의 인도하심을 실망스러워했다. 그러니 애굽으로의 복귀를 바라며 모세를 원망하지 않았던가?

그렇다면 왜 하나님께서는 그들을 비옥한 땅이 아닌 척박한 광야로 인도하셨던 것일까? 그 이유는 하나님께서 이스라엘 백성들을 금처럼 연단하여 그들 안에 자리 잡은 불순물을 제거하시려 했던 것이다. 그래서 그들은 광야에서 자신들의 죄성을 깨달아 회개하고 십계명을 통해 하나님이 어떤 분인지 학습할 수 있었다. 이처럼 고난의 광야는 그들에게 훈련학교와 같은 곳이었다.

그러므로 성도에게 찾아오는 삶의 크고 작은 고난은 그를 사랑하시는 하나님의 부르심이라 할 수 있다. 하나님께서는 그 고난의 시간을 통해 회개해야 할 제목들을 알려주시고 하나님의 마음을 깨닫게 하시어 성도를 새롭게 하시려는 것이다.

탕자를 생각해보라. 철이 없던 탕자가 언제 아버지의 은혜를 깨닫게 되었는가? 집을 떠나 끼니를 굶어가며 돼지를 치고 있을 때 아버지를 향한 감사가 회복되었다. 그래서 우리는 고난 앞에서 오히려 감사하며 하나님의 은혜로 거듭날 우리 자신을 기대해야 하는 것이다.

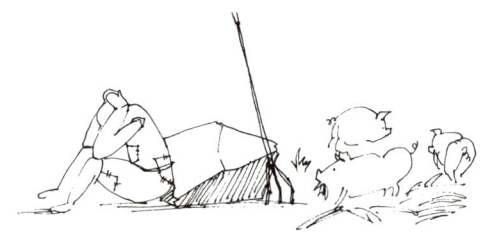

## 인색함

**각각 그 마음에 정한 대로 할 것이요 인색함으로나 억지로 하지 말지니 하나님은 즐겨 내는 자를 사랑하시느니라** – 고후 9:7

전도사 시절 금요철야예배의 인도를 위해 집을 나서는데 아내가 용돈이라며 5만원을 건네준다. 나는 주유비로 2만원을 지출하고 3만원이 남자 차 안에서 하나님께 이렇게 큰 소리를 쳤다. "하나님 아버지! 오늘 제가 주님의 몸 된 교회에 2만원을 헌금하겠습니다!" 그렇게 하나님께 서원을 하며 교회로 향했다.

교회에 도착해보니 목사님께서는 나를 급하게 찾고 계셨다. 교회 근처의 인쇄소에 주보를 찾고 오는 길에 문구점에 들러 이것

저것을 구매해오라는 주문이었다. 그래서 나는 인쇄소에서 일을 보고 문구점에 도착하였다. 그런데 그곳에서 마음에 쏙 드는 볼펜을 발견했다. 주머니에 용돈이 있으니 나는 거침없이 볼펜 몇 자루를 구매했다. 그렇게 기분이 좋아져 콧노래를 부르며 교회를 향해 가는데 고소한 냄새가 내 코를 자극했다. 교회 근처 분식집에서 갓 구운 오징어 튀김을 판매하고 있었던 것이다. 참새가 방앗간을 그냥 갈 수 있나? 군것질을 좋아하는 나는 떡볶이와 오징어 튀김을 가볍게 해치웠다. 하지만 튀김을 너무 많이 먹은 것일까? 속이 더부룩하다. 그런데 때마침 한 카페에서 오픈행사로 커피를 저렴하게 판매하고 있는 것이 아닌가? 그래서 나는 시원하게 커피 한 잔을 들이키며 교회로 향했다.

그렇게 나는 심부름을 마무리하고 교회 사무실에 앉아 금요철야예배의 찬양인도를 준비하고 있었다. 그런데 한참 찬양을 준비하고 있는데 누군가가 사무실 문을 두드렸다. 초라한 행색의 걸인이었다. 그는 나에게 이렇게 부탁한다. "오늘 하루 종일 아무것도 먹지 못했습니다. 라면이라도 먹을 수 있게 조금만 도와주십시오." 그래서 나는 내 호주머니를 뒤졌다. 그랬더니 호주머니에서 2,300원이 나왔다. 그 순간 나는 알게 되었다. 내가 하나님께 서원한 헌금을 모두 허비했다는 것을 말이다. 부끄럽지만 2,300원이라는 돈을 노숙자에게 건넸다. 그는 그 돈을 보며 크게 한숨을 쉬었다. 그가 뱉은 한숨이 나를 향한 하나님의 한숨처럼 느껴졌다.

그가 사무실에서 나가자 하나님은 나의 마음에 이런 음성을 주셨다. "주언아, 부지중에 천사들을 대접한 이들이 있었다는 것을 알지 못하느냐(히 13:2). 네가 내게 서원한 그 2만 원만 있었어도 너는 노숙자에게 복음을 전하며 배부른 저녁을 대접할 수 있었을 것이다." 그 음성을 듣자마자 나는 하염없이 눈물을 흘렸다. 하나님께 인색한 어리석은 내 자신이 너무나 미웠던 것이다.

## 음란의 저주

**사생자는 여호와의 총회에 들어오지 못하리니 십 대에 이르기까지도 여호와의 총회에 들어오지 못하리라 암몬 사람과 모압 사람은 여호와의 총회에 들어오지 못하리니 그들에게 속한 자는 십 대뿐 아니라 영원히 여호와의 총회에 들어오지 못하리라** – 신 23:2-3

사생자는 혼인 관계가 아닌 남녀 사이에서 출생한 아이를 지칭한다. 성경적 의미로는 유대인과 이방인 사이에서 태어난 아이를 가리킨다. 그리고 랍비들은 근친상간으로 태어난 자로 판단하기도 했다. 아무튼 '사생자'란 부부가 아닌 불법적인 성 관계를 통해서 태어난 모든 자녀가 해당된다. 이들을 인간적인 감정으로 본다면 자체가 애처롭고 측은하게 느껴지는 것이 사실이다. 하지만 하나님께서는 여호와의 총회에 출입하는 것을 금하셨다.

물론 하나님께서는 사생아 자체를 정죄하시는 것이 아니다. 사사기 11장에 등장하는 '입다'는 창녀에게서 태어난 사생아였지만 하나님이 세우신 사사로서 암몬의 손에서 이스라엘을 구원했기 때문이다(삼상 12:11; 히 11:32).

하나님께서 사생아를 여호와의 총회에 금하시는 이유는 그가 간음죄로 말미암아 출산된 자이기 때문이다. 하지만 성경이 말하는 간음은 남녀 간의 비윤리적인 행위만을 가리키지 않는다. 성경은 오히려 신랑 되신 하나님만을 의지해야 하는 신부(성도)가 하나님이 아닌 하나님 외에 다른 존재를 의지하는 행위를 영적 음란이라 지적하고 있다. 그러므로 사생자는 곧 세속에 물들어 하나님의 말씀이 아닌 세상의 논리를 따르는 변질된 성도라 할 수 있는 것이다.

그러므로 오늘 말씀은 사생아라 할지라도 입다와 같이 순결한 심령을 소유하게 되면 그가 하나님의 거룩한 도구가 되어 귀하게 쓰임 받겠지만 사생아가 아님에도 불구하고 영적 음란에 빠져 불결한 심령을 소유하게 되면 결코 하나님의 임재를 경험할 수 없게 됨을 강조하고 있는 것이다.

사생아에 이어 여호와의 총회에 출입하지 못하는 사람은 암몬과 모압 족속이었다. 그렇다면 이들은 왜 여호와의 총회 출입이 금지되었던 것일까? 단순히 이방 사람들이었기에 그런 저주를 받게 된 것일까?

롯은 믿음의 조상 아브라함에게서 분리되었다. 그러한 그의 선택은 하나님의 영광을 위한 처사가 아니었다. 그는 오직 자신의 안위와 생계를 위해 아브라함을 떠나 소돔에 정착하려했던 것이다. 그리고 그는 그곳에서 자신의 딸들과 간음하여 자신의 계보를 잇게 된다. 그렇게 형성된 족속이 암몬과 모압이었다.

"*롯의 두 딸이 아버지로 말미암아 임신하고 큰 딸은 아들을 낳아 이름을 모압이라 하였으니 오늘날 모압의 조상이요 작은 딸도 아들을 낳아 이름을 벤암미라 하였으니 오늘날 암몬 자손의 조상이었더라*"(창 19:36-38).

하나님이 암몬과 모압을 상대하지 않으시는 이유는 그들의 가문 안에 그러한 세속적인 문화들이 뿌리 깊이 박혀있기 때문이다. 다시 말해 그들은 육체적 간음을 넘어 영적인 간음을 범하였기에 하나님께 유기되었던 것이다.

하지만 무조건 모압과 암몬의 족속이라 하여 하나님의 쓰임 받지 못하는 것은 아니다. 그러한 사례로 모압 여인인 '룻'을 들 수 있다. 룻은 이방 여인이었지만 자신의 고향을 떠나 이스라엘 신앙을 받아들이므로 예수 그리스도의 계보에 자신의 이름이 기록되는 영광을 누리게 되었다(마 1:5).

하나님께서 모압과 암몬 그리고 사생자를 상대하지 않으시는 이유는 그들의 특수한 태생보다는 그들 안에 자리 잡은 음란한 기질 때문이다. 그만큼 하나님께서는 성도의 영적 음란을 거북하게 여기시는 것이다.

## 하나님과 재물

전도사 시절, 사역을 위해 어느 교회로 면접을 보러 간 적이 있다. 담임목사님은 내게 사역을 하게 된다면 설교를 자주하게 될 것이라고 하였다. 왜냐하면 자신이 식당도 운영하고 있는데, 일을 돕기 위해 교회를 자주 비울 수밖에 없다는 것이었다.

면접 후 나는 목사님께서 운영하신다는 식당으로 가서 밥을 먹게 되었다. 규모가 제법 큰 편인 식당은 이른 시간임에도 많은 손님으로 붐볐다. 한참 목사님과 식사를 하며 대화를 나누고 있는데 옆 테이블에 있던 한 손님이 소주를 달라고 소리를 쳤다. 목사님은 그 말을 듣자마자 자리에서 벌떡 일어나 소주를 손님에게 공손히 가져다주었다. 그 식당에서는 음식뿐이 아닌 술도 함께 팔고 있었다.

면접을 보고 돌아오는 길에 나는 여러 가지 생각으로 머리가 몹시 복잡해지고 말았다. 본 사역을 등지고 물질적인 이윤을 추구하는 목회자를 보며 하나님의 불편한 마음을 느꼈던 것이다.

이 시대의 많은 목회자들이 물질적인 풍요로움이 하나님의 축복과 깊은 연관이 있다고 대답하는데 주저하지 않는다. 그래서 오늘날 대부분의 성도들은 자신이 가진 물질이 하나님께서 허락하신 축복인 냥 떠들어 대고 있다. 하지만 성경은 그러한 물질이 오히려 하나님을 대적할만한 우상의 도구가 됨을 깨닫게 한다. *"한 사람이 두 주인을 섬기지 못할 것이니 혹 이를 미워하고 저를 사랑하거나 혹 이를 중히 여기고 저를 경히 여김이라 너희가 하나님과 재물을 겸하여 섬기지 못하느니라"*(마 6:24).

물질이 악한 것이 아니다. 하나님보다 물질을 더 사랑하는 사람의 중심이 악한 것이다.

## 죄에 대한 책망

**그가 와서 죄에 대하여, 의에 대하여, 심판에 대하여 세상을 책망하시리라 죄에 대하여라 함은 그들이 나를 믿지 아니함이요 – 요 16:8-9**

인류 최초의 범죄는 아담과 하와가 선악과를 취한 것이었다. 사실 성경에는 '선악과'가 아닌 '선악을 알게 하는 나무'로 명시되어 있다(창 2:17). 에덴의 정중앙에 자리 잡는 이 나무는 그 명칭에서도 알 수 있듯이 선악을 구별하는 유일한 잣대였다. 하지만 하나님께서는 그 나무의 실과를 사람에게 허락하지 않으셨다. 이러한 하나님의 의도는 선악의 분별함이 사람의 이성에서 날 수 없음을 알리기 위한 처사였다. 다시 말해 선악을 분별하는 권세가 오직 전능하신 하나님만의 전유물임을 모든 피조물에게 알리고자 하셨던 것이다.

*"죄에 대하여라 함은 그들이 나를 믿지 아니함이요"*(요 16:9). 성도라 함은 하나님만을 믿는 자들을 가리킨다. 그러므로 성도는 반드시 자기 부정을 성취해야만 한다. 성도가 자신을 불신해야만 하나님을 믿을 수 있기 때문이다. 그런데 오늘날 많은 성도들은 자신의 이성에 이끌리는 삶을 살아가면서도 자신이 하나님만을 믿는다고 착각하고 있다.

*"입법자와 재판관은 오직 한 분이시니 능히 구원하기도 하시며 멸하기도 하시느니라"*(약 4:12).

사람의 이성 안에는 원죄가 자리 잡고 있기에 세상 사람은 누구나 자신에게 유익이 되는 것을 기준으로 옳고 그름을 결정한다. 하지만 하나님만을 믿고 따르는 성도들은 오직 '성경'을 통하여 선악을 구별해야 한다. 왜냐하면 성경에는 우리를 향한 하나님의 뜻이 낱낱이 기록되어 있기 때문이다.

성경이 말하는 죄란 하나님의 말씀보다 사람의 이성을 신뢰하는 것을 가리키는 것이다.

## 의에 대한 책망

**의에 대하여라 함은 내가 아버지께로 가니 너희가 다시 나를 보지 못함이요** – 요 16:10

구원은 하나님께서 우리에게 허락하신 율법을 완전하게 순종하는 자에게만 주어지는 특권이었다. 하지만 문제는 율법에 순종할 수 있는 의로움이 우리 안에서 날 수 없다는 것이다. 그래서 성경은 의로운 사람은 실존하지 않는다고 못을 박았다. *"기록된 바 의인은 없나니 하나도 없으며"*(롬 3:10).

가끔 선행에 대한 언론 보도가 있다. 배우지 못한 것을 한으로 여겨 평생 모은 것을 대학교에 기부한 사람이 있는가 하면, 세계적인 선행상이라 하여 영국 여왕의 상을 받았다는 사이비 교주도 있다. 하지만 안타깝게도 그러한 그들의 행위는 모두 죄가 될 뿐이다. 그 이유는 그들의 선행이 하나님의 의(義)를 근거하고 있지 않기 때문이다. 결국 세상 사람들이 말하는 선행은 사람에게서 의가 날 수 있다는 망상을 만들 뿐이다. 그래서 성령님께서는 그러한 거짓된 의를 책망하고 계신다.

*"의에 대하여라 함은 내가 아버지께로 가니 너희가 다시 나를 보지 못함이요"*(요 16:10). 성경은 율법의 완성을 이루신 예수님만이 천국으로의 입성이 가능하며 사람 안에서 의가 날 수 있다고 착각하는 자들은 예수님을 영원히 볼 수 없게 된다고 말한다. 다시 말해 그들에게는 예수님께서 입성하신 천국이 허락되지 않았다는 것이다. 이렇듯 구원은 성도의 자의적 의지로는 불가능하며 오직 예수님께서 흘리신 피의 대속이 있어야만 실현 가능한 것이다.

전도를 하다보면 세상 사람들이 내게 시비를 걸며 질문한다. 왜 하나님을 믿는다는 사람들이 그렇게 나쁜 짓을 하느냐고 말이다. 그럴 때마다 나는 이렇게 대답한다. "저는 선한 사람이어서 예수님을 믿는 것이 아닙니다. 죄인이기 때문에 예수님을 믿는 겁니다. 제가 보기에는 당신도 저와 똑같은 죄인입니다. 그렇기 때문에 당신에게도 예수님이 필요한 것이지요."

*"복음에는 하나님의 의가 나타나서 믿음으로 믿음에 이르게 하나니 기록된 바 오직 의인은 믿음으로 말미암아 살리라 함과 같으니라"*(롬 1:17).

우리에게 복음이 필요한 이유가 무엇인가? 복음 안에 하나님의 의가 담겨있기 때문이다. 그러므로 우리가 우리에게 의가 날 수 없음을 인정하고 복음을 받아들일 때에 우리는 예수 그리스도의 의를 힘입어 구원을 허락받게 되는 것이다.

## 심판에 대한 책망

**심판에 대하여라 함은 이 세상 임금이 심판을 받았음이라** – 요 16:11

성경에 기록된 세상 임금은 사탄을 가리킨다. *"마귀가 … 천하 만국을 보이며 이르되 이 모든 권위와 그 영광을 내가 네게 주리라 이것은 내게 넘겨 준 것이므로 내가 원하는 자에게 주노라"* (눅 4:5–6).

마귀의 권세 안에는 그럴듯하게 꾸며낸 거짓된 사상들이 존재한다. 이러한 사상을 가지고 하나님의 말씀에 대적한다. 그래서 불신자들은 사탄의 간계에 넘어가 잘못된 명분을 앞세운다. 제한된 과학적 사고에 현혹되어 인본주의 철학에 빠져있는 것이다.

에덴동산에 머물렀던 사탄은 한가지의 목적을 가지고 있었다. 그것은 하나님의 영광을 도적질하여 자신의 것으로 취하는 것이었다. 그래서 사탄은 자신의 논리를 아담과 하와에게 주입하여 사람으로 하여금 자신의 목적을 실현하고자 했다.

*"너희가 그것을 먹는 날에는 너희 눈이 밝아져 하나님과 같이 되어 선악을 알 줄 하나님이 아심이니라"*(창 3:5).

결국 아담과 하와는 사탄의 희생양이 되어 선악과를 취하게 되었다. 어리석게도 아담과 하와는 사탄의 계획이 자신들을 위한 일이라 굳게 믿었던 것이다.

세상에 팽배한 인본주의의 사상들도 이와 마찬가지다. 마귀가 만든 인본주의적 사상은 마치 사람의 평화를 위해 존재하는 듯 보이지만 실상은 마귀가 하나님의 권세를 탐하기 위해 만든 함정일 뿐인 것이다.

하지만 하나님의 주권이 피조물에게 양도될 리 없다. 결국 사탄은 흙을 먹는 영물이 되어 사람과 함께 시공간에 지배를 받는 곳으로 쫓겨나게 되었다. 그래서 사람은 누구나 현재라는 시점을 살아가는 것이다. 하지만 하나님께서는 시공간을 초월하신다. 그분은 과거, 현재, 미래를 한 눈으로 바라보시며 주관하신다. 그러므로 우리가 장차 거할 하나님의 나라도 시공간의 지배를 받지 않는 영원한 나라인 것이다. 하지만 에덴(천국)에서 추방당한 사탄은 결국 유한한 세상에서 참담한 최후를 맞이하게 된다. 이것이 그들이 하나님께 받은 심판의 결과인 것이다.

*"이것을 너희에게 이르는 것은 너희로 내 안에서 평안을 누리게 하려 함이라 세상에서는 너희가 환난을 당하나 담대하라 내가 세상을 이기었노라"*(요 16:33).
마귀의 논리가 지배하는 세상에서 성도의 신분으로 살아가는 것은 만만치 않은 일이 분명하다. 하지만 담대해야 한다. 하나님의 관점에서 신본주의 사상을 고수하는 성도들은 이미 천국에 입성한 자들이기 때문이다.

심판과 형벌은 윤리 도덕의 범주를 벗어난 자에게 임하는 것이 아니다(그렇다고 윤리와 도덕을 팽개치라는 말도 아니다). 오직 사탄의 논리에 속아 하나님의 자리를 탐하는 자에게 임한다. 결국 그러한 자들은 유한한 해 아래의 삶에 매여 최후를 맞이하게 될 것이다. 피조물은 피조물일 뿐이다. 피조물이 창조주가 될 리 만무하다.

## 보일러 고장

**이 곤고한 자가 부르짖으매 여호와께서 들으시고 그의 모든 환난에서 구원하셨도다** – 시 34:6

배고픈 신학생 시절, 학교 근처에서 생활할 때의 일이다. 살던 집은 보일러가 항상 말썽이었다. 하루는 난방이 안 되더니 온수까지 나오지 않았다. 그래서 나는 보일러의 이곳저곳을 만져 보았다. 하지만 보일러는 작동할 기미를 보이지 않았다. 그래서 컴퓨터를 켜고 인터넷 검색을 통해 여러 지식에 도움을 구해 보았다. 하지만 그것도 문제를 해결하지는 못했다. 결국 나는 보일러 설비업체에 전화를 걸었다. 그런데 업자는 자신이 방문하여 점검을 하게 되면 무조건 출장비 오만 원을 받아야 한다고 이야기했다. 그 당시 나에게는 오만 원을 지불할 물질적인 여유도 없었다. 그래서 전화를 끊고 또다시 스스로 보일러를 점검하기 시작하였다.

그런데 갑자기 방 안에 있던 딸아이가 다급하게 '아빠!'를 외친다. 헐레벌떡 집으로 들어가 보니 딸아이가 울고 있다. 그 이유는 자기 방에 들어온 귀뚜라미 때문이었다. 그래서 나는 귀뚜라미를 잡아 딸을 안심시켜 주었다. 방금까지 울었던 딸아이는 다시 환하게 웃으며 인형놀이를 하기 시작했다.

그렇게 문제를 해결하고 다시 보일러실로 와보니 그제야 한심한 내 모습을 깨닫게 되었다. 딸아이도 귀뚜라미 한 마리 때문에 '아빠'를 찾는데 왜 나는 이러한 상황에서 '하나님 아버지'를 찾지 않을까? 보일러실에서 무릎을 꿇고 하나님께 회개하였다. "하나님, 좋지도 않은 머리를 굴리며 문제를 해결하려는 나의 교만한 모습을 용서해주세요." 눈물이 뺨을 타고 흘렀다.

기도를 마치고 눈물을 닦는데 보일러 기름통 옆에 붙어있는 게이지가 눈에 들어왔다. 그것은 통 안에 담긴 기름의 양을 확인할 수 있는 투명한 관이었는데 이상하게도 그 안의 기름이 두 층으로 분리되어 있었던 것이다. 나는 다시 보일러 설비업체에 전화를 걸어 상황을 설명하였다. 그랬더니 업자는 겨울철이라 보일러실과 외부의 온도차에 때문에 기름통에 수분이 생긴 것 같다며 기름통 안에 있는 물을 제거하라고 이야기해주었다. 나는 그가 시키는 대로 기름통에 있는 기름을 모두 빼내어 물을 분리한 후 다시 순전한 기름만을 통에 부었다. 그리고 보일러에 시동을 반복해서 걸어보았다. 보일러는 이상한 소리를 내더니 어렵게 작동하기 시작했다.

## 회개는 생명이며 축복이다

**보라 내가 도둑 같이 오리니 누구든지 깨어 자기 옷을 지켜 벌거벗고 다니지 아니하며 자기의 부끄러움을 보이지 아니하는 자는 복이 있도다**
— 계 16:15

성도는 누구나 원죄의 작용으로 자주 실족하게 된다. 하지만 성도가 하나님의 은혜를 힘입어 회개할 때 죄악에 이끌리는 원죄의 자력은 점점 약화된다. 우리의 회개를 기뻐 받으신 하나님께서 완악한 우리의 심령을 보혈로 덮어주시기 때문이다. 그러므로 회개는 세상에서 거룩하게 구별되길 바라는 성도들에게 생명의 물줄기다.

어리석은 자들은 창조시대의 예수님과 성령님의 사역을 배제해버린다. 그들에게는 아직 출생 전이셨던 예수님께서 창조의 사역에 동참하심이 논리적으로 이해되지 않기 때문이다. 하지만 창조시대에는 하나님의 사역과 함께 예수님의 사역과 성령님의 사역이 모두 기록되어 있다(창 3:21; 2:7).

*"여호와 하나님이 아담과 그의 아내를 위하여 가죽옷을 지어 입히시니라"*(창 3:21). 성경에 기록된 것처럼 하나님께서는 범죄한 아담과 하와를 위해 가죽옷을 지어 입히셨다. 모든 사람이 알다시피 가죽옷을 얻기 위해서는 가축의 희생이 필요하다. 즉 하나

님께서 가축을 잡아 아담과 하와를 위해 가죽옷을 지어 입히신 것은 자신의 어린양 되신 예수 그리스도를 희생하여 성도의 원죄를 가려주셨음을 예표하는 것이다.

　이처럼 성경에 자주 언급되는 '의복'은 대부분 성도의 죄를 가리는 '예수님의 보혈'을 상징한다. *"임금이 손님들을 보러 들어올새 거기서 예복을 입지 않은 한 사람을 보고 … 그 손발을 묶어 바깥 어두운 데에 내던지라 거기서 슬피 울며 이를 갈게 되리라 하니라 청함을 받은 자는 많되 택함을 입은 자는 적으니라"* (마 22:11-14).

　그러므로 '옷을 지키는 자에게 복이 있다'는 것은 예수 그리스도의 보혈로 원죄의 가림을 받은 성도에게 영생이 주어졌음을 가리킨다. 하지만 우리가 한 가지 간과해서는 안 될 것은 우리 안의 원죄의 작용이 우리가 천국에 이르도록 계속된다는 사실이다. 그러므로 우리의 회개도 우리가 사는 날 동안 계속되어야만 한다. 그것이 바로 우리의 옷을 지키는 유일한 방법인 것이다.

## 죄짓고는 못산다

**그런즉 너희는 이 언약의 말씀을 지켜 행하라 그리하면 너희가 하는 모든 일이 형통하리라** – 신 29:9

어린 시절 나는 아버지의 호주머니에서 천 원짜리 두 장을 훔친 적이 있었다. 하지만 그 돈을 손에 쥐고 희열을 느낀 것은 잠시뿐, 이내 두려움에 사로잡혔다. 죄짓고는 못산다는 말이 맞았다. "아버지가 돈이 없어진 것을 알면 어쩌지? 무서운 아버지가 가만있지 않으실 거야." 어린 나는 밤잠도 못자고 두려움에 사로잡혀 한숨만 쉬어댔다. 그래서 결국 나는 어두컴컴한 부모님의 방에 몰래 들어가 이천 원을 아버지의 호주머니에 놓고 나왔다. 그랬더니 신기하게도 금세 해방감이 든다. 그렇게 나는 기쁜 마음을 안고 단잠을 이룰 수 있었다.

신명기 28장은 성도들이 하나님께 받을 축복을 나열하고 있다. 심지어 성경은 성도의 세간붙이까지 축복을 받는다고 기록하고 있다(5절). 하지만 그러한 축복에는 한 가지 조건이 따른다. 그것은 '하나님의 말씀에 순종하는 것'이다. *"네가 네 하나님 여호와의 말씀을 삼가 듣고 내가 오늘 네게 명령하는 그의 모든 명령을 지켜 행하면"*(1절).

즉 성경에 약속된 축복은 성도가 하나님 말씀에 순종할 때에 주어지는 것이지 교회만 들락날락한다고 실현되는 것이 아니다.

우리 주위에는 특별히 부정적인 사람들이 있다. 사실 그들의 감정은 처한 상황이나 환경을 탓하는 것이 아니다. 그들은 오직 말씀에 순응하지 않는 자기 자신을 신뢰하지 않기에 매사를 부정적으로 판단하는 것이다. 안타까운 사실은 그러한 부정적인 말들이 그들의 삶에 그대로 실현된다는 것이다.

## 양은 목자의 음성을 듣는다

**내 양은 내 음성을 들으며 나는 그들을 알며 그들은 나를 따르느니라**
– 요 10:27

　양떼를 치는 이스라엘의 목동들은 자주 함께 모여 식사도 하고 담소도 나눈다고 한다. 이때 따라온 양들이 뒤섞여버리면 혼란스럽다. 한두 마리도 아니고 많은 양들의 주인을 구별하는 것은 난감한 일이다. 물론 귀에 표식을 달고 있지만, 뒤섞여 풀을 뜯는 양떼 속으로 들어가 자기 양을 선별하는 것은 시간만 걸릴 뿐이다. 그러나 목동들은 이런 수고를 하지 않는다. 그저 자리에서 일어나 휘파람을 불고 노래를 부르면 양들은 주인의 음성을 알아듣고 따라가기 때문이다.

　성경은 예수님과 우리의 관계를 목자와 양의 관계로 표현한다. 그래서 우리는 우리의 목자가 되시는 예수님의 음성을 바르게 인식할 필요가 있다.

"이 때부터 예수께서 비로소 전파하여 이르시되 회개하라 천국이 가까이 왔느니라 하시더라"(마 4:17). 예수님께서 처음 선포하셨던 말씀은 '회개'였다. 하지만 당시 교만했던 유대 지도자들에게 그런 회개의 촉구가 좋게 들렸을 리가 없었다. 그래서 그들이 예수님을 못 박지 않았던가?

이러한 그들의 완악한 반응은 스데반의 사역에서도 극명하게 드러난다. "그들이 이 말을 듣고 마음에 찔려 그를 향하여 이를 갈거늘"(행 7:54). "그들이 큰 소리를 지르며 귀를 막고 일제히 그에게 달려들어 … 돌로 칠새 …"(57–58절). 결국 그들은 하나님의 음성을 대언했던 스데반마저 살인하게 되었다.

이처럼 하나님께 선택받지 못한 자들은 죄인을 부르시는 예수님의 음성을 알아듣지 못한다(마 25:32). 반대로 하나님께 선택된 성도들은 죄인을 부르시는 예수님의 음성을 알아듣고 양이 목자를 따르는 것처럼 그 말씀을 좇아 늘 회개에 힘쓰는 자들이다.

"예수께서 들으시고 그들에게 이르시되 건강한 자에게는 의사가 쓸 데 없고 병든 자에게라야 쓸 데 있느니라 나는 의인을 부르러 온 것이 아니요 죄인을 부르러 왔노라 하시니라"(막 2:17).

회개를 촉구하시는 예수님의 음성이 왜 들리지 않는가? 그 이유는 자신의 영혼이 병든 것과 자신이 얼마나 완악한 죄인인지 알지 못하기 때문이다.

## 날마다 기도해야만

**또 무리에게 이르시되 아무든지 나를 따라오려거든 자기를 부인하고 날마다 제 십자가를 지고 나를 따를 것이니라** – 눅 9:23

언젠가 텔레비전에서 아마추어 복싱선수에 관한 휴먼다큐멘터리를 시청한 적이 있다. 복싱을 사랑하는 한 젊은이가 프로선수에게 복싱을 배우면서 대회를 준비하는 내용이었다. 프로선수는 그에게 자신의 복싱 기술을 친절하게 가르쳤다. 그리고 아마추어 선수는 기술을 배울 때마다 자신의 실력이 느는 것을 느끼면서 감탄을 연발했다.

드디어 대회 당일이 되었다. 아마추어 복싱선수는 자신이 프로선수에게 많은 기술을 습득했기 때문에 분명히 승리할 것이라고 확신했다. 그렇게 경기는 시작되었다. 그런데 복싱경기가 무척이나 이상했다. 선수들이 보여주는 모습은 경기가 아니라 무조건 주먹을 휘두르는 막 싸움에 가까웠기 때문이었다. 아마추어 복싱선수는 상대를 제대로 응시하지 않은 채 주먹을 허공에 휘둘러댔다. 결국 3라운드에 체력이 떨어진 아마추어 선수는 경기에서 패하였다.

곧바로 방송 장면이 바뀌었고, 다시 그 선수와 그를 가르친 프로선수가 등장하였다. 그를 가르쳤던 프로선수는 이렇게 조언하였다. "복서에게 가장 중요한 것은 '연습'이다. 네가 남이 보지 않는 곳에서 얼마나 많은 땀을 흘렸냐가 경기의 승패를 좌우한다.

내가 너에게 기술을 알려줬다고 그것이 실전에서 그대로 사용되는 것은 아니다. 배운 기술을 무한 반복해야만 실전에서 기술이 나오는 것이다." 그 순간 텔레비전을 통해 들려지는 프로선수의 음성은 나를 향한 하나님의 음성으로 들려졌다.

목회자가 오랜 시간 신학을 연구했다고 신앙생활을 잘 감당하는 것은 결코 아니다. 목회자도 깨달은 말씀을 부여잡고 반복적으로 기도해야만 자기 부정을 이뤄 하나님의 말씀에 순종할 수 있다. 그래서 성경은 우리에게 '날마다' 자기를 부인하고 십자가를 지라고 권고하고 있는 것이다(눅 9:23).

명심하자. 성도의 성화는 한순간의 회개로 이뤄지는 것이 아니다. 복싱선수가 기술을 배우고 무한반복으로 연습하지 않으면 그 배운 기술을 사용할 수 없듯이 우리가 날마다 회개하지 않는다면 우리는 결코 하나님께서 기뻐하시는 성화를 이루지 못할 것이다.

## 믿음의 기도

**베드로가 대문밖에 섰더라 하니 그들이 말하되 네가 미쳤다 하나**
— 행12:14-15

그리스도인들을 향한 헤롯의 핍박으로 베드로는 감옥에 갇히게 되었다. 그래서 당시의 초대교회의 성도들은 베드로의 해방을 위해 간절히 기도했다. 그들은 간절하게 목소리를 돋우었지만 믿음이 부재되어 있었다. 결론적으로 베드로는 출옥되었지만 하나님께서 그들의 기도에 응답하셨던 것은 아니었다. 그렇다면 하나님께서는 누구의 기도에 응답하셔서 기적을 베풀어주셨던 것일까? 베드로는 옥에서 해방되자마자 마가의 집으로 달려가 문을 두드렸다. 그리고 그런 소리에 어린 계집아이 로데가 반응하여 문 앞에 이르게 된다. 많은 신학자들은 이러한 로데의 반응을 그가 교회 안에서 가장 연소한 자였기에 허다한 궂은일을 감당한 연고라 주장한다. 하지만 당시 상황을 고려해본다면 로데의 반응은 도무지 이해가 되지 않는다. 당시 성도가 예수님을 믿는 것은 목숨을 걸어야 할 만큼 위험한 일이었다. 만약 함께 모여 예배하는 것이 발각이라도 됐다면 그들의 처지가 곤란해질 수도 있었던 것이다. 그러므로 미숙했던 로데가 경계를 목적으로 성전의 출입문에 나갔다는 것은 설득력이 없다. 그렇다면 왜 로데는 문에서 들려오는 인기척에 반응했던 것일까? 그 이유는 믿음 때문이었다.

　로데는 분명 다른 성도들과 함께 베드로를 위해 간절히 기도했을 것이다. 하지만 로데의 기도는 당시 허망한 말로만 기도를 채웠던 성도들과는 달랐다. 로데는 자신의 기도가 하나님께 상달됨과 그로인해 어려운 상황에 처한 베드로에게 기적이 일어날 것을 믿었던 것이다. 그래서 로데는 문을 두드리는 자가 베드로라 확신하여 급하게 문 앞에 이르렀던 것이다. 그리고 베드로임을 확인하고 급하게 돌아와 이 소식을 전했다.

그런데 성도들은 그런 로데를 미쳤다했으니…

## 말씀의 능력

**더러운 귀신이 사람에게서 나갔을 때에 물 없는 곳으로 다니며 쉬기를 구하되 쉴 곳을 얻지 못하고** – 마 12:43

예전에 사역했던 교회의 성도에게 안부 전화를 받은 적이 있었다. 그 집사님은 나와의 전화 통화를 통해 유쾌하지 못한 이야기를 들려주었다. 집사님은 새로 부임한 담임 목사님의 설교에 문제가 있는 것처럼 푸념을 늘어놓았다. 그래서 나는 집사님께 기도로 신앙을 회복하시고 다시 기쁜 마음으로 교회를 섬겨달라고 권면해드렸다.

집사님은 목사님께서 설교할 때마다 성도들을 지나치게 칭찬하셨는데, 처음에는 그런 설교가 성도들을 아끼고 인정하는 것처럼 여겨졌다고 한다. 하지만 시간이 흐르면서 설교 듣는 것이 불편해졌다. 영적 자각을 깨우는 권면이 없어 신앙생활에 긴장감과 회개가 사라진 것이었다. 집사님은 자신의 무기력해진 신앙상태를 설교 탓으로 돌리고 있었다.

집사님은 통화를 마무리하시며 나에게 이런 말을 건네신다. "주언 목사님께서 우리 교회에서 사역하시며 말씀을 전하셨을 때에는 그 말씀이 너무 따갑고 아프게 들렸어요. 그래서 때로는 목사님을 미워하기도 했지요. 그런데 그때는 날마다 기도할 수 있었어요. 직장에서 힘들게 일을 하다가도 갑자기 주셨던 말씀이 생각나서 눈물로 회개했던 적이 한두 번이 아니었어요. 목사님, 항상 감사하게 생각하고 있습니다."

따가운 설교를 듣고 애통하는 것은 자신의 영혼에 문제를 발견한 성도에게 나타나는 현상이다. 그런 성도만이 들려진 말씀을 기도제목으로 삼아 날마다 회개할 수 있는 것이다. 이것이 바로 성도를 거듭나게 하고 거룩함을 추구하는 말씀의 능력이다.

*"이 물이 흘러 들어가므로 바닷물이 되살아나겠고 이 강이 이르는 각처에 모든 것이 살 것이며"*(겔 47:9). 성경에 기록된 '생수의 강'은 부패한 성도들의 심령을 치료하는 하나님의 말씀을 상징한다. 그래서 마귀는 지금도 물(말씀)이 없는 곳을 찾아 쉬기를 구하고 있는 것이다.

"내 주를 가까이 하게함은 십자가 짐 같은 고생이나"(새찬송가 338장) 명심하자. 정상적인 신앙생활은 원래 아픈 법이다.


## 나는 죽고, 그리스도로 사는 사람

**이는 내게 사는 것이 그리스도니 죽는 것도 유익함이라** – 빌 1:21

규모가 있는 대형교회에서는 연로하신 어르신들을 위한 성경공부반이 개설되어 있다. 그곳에서는 늦은 연세에 신앙생활을 시작한 어르신들을 위해 복음을 아주 쉽게 교육하고 있다.

어느 날, 어르신들에게 성경공부를 가르치시던 목사님께서 그동안 가르쳤던 내용들을 테스트해 보기 위해 이런 질문을 드렸다.

"할머니, 할아버지! 천국은 착한 일을 많이 해야 갈 수 있는 곳인가요?" 그랬더니 어르신들이 한 목소리로 "아니에요!"라고 답을 하셨다. 그래서 목사님은 또다시 질문을 드렸다. "그러면 천국은 교회를 열심히 다니기만 하면 가는 곳인가요?" 그랬더니 이번에도 어르신들은 자신 있는 목소리로 "아니에요!"라고 답을 하셨다. 목사님은 질문에 바르게 대답하신 할머니들과 할아버지들을 보며 자신의 사역에 보람을 느꼈다. 그리고 그동안 목사님께서 가르쳤던 내용을 잘 기억하고 계시는 어르신들에게 감사했던 것이다. 그래서 목사님은 마지막으로 어르신들께 이렇게 질문을 했다. "그러면 어떻게 해야 천국에 갈 수 있죠?" 그런데 그러한 질문을 들은 어르신들은 서로 눈치를 보며 어떻게 대답을 해야 할지 한참을 망설였다. 그런데 그때 한 할머니가 손을 번쩍 들고 이렇게 대답을 하셨다. "뒈져야(죽어야) 가지요!" 그 말을 듣자마자 어르신들은 배꼽을 잡고 웃으셨고, 성경공부반의 분위기는 순식간에 어수선해지기 시작했다고 한다.

그런데 그때 목사님께서 이런 말씀을 하셨다. "네, 맞습니다. 천국은 우리가 죽어야 가는 곳이지요. 말씀 앞에서 내 자아가 죽어야만 갈 수 있는 곳입니다. 그렇다면 어르신들은 천국으로 가실 준비가 되셨습니까?" 그 순간 어색한 침묵이 흐르고 어르신들은 고개를 숙였다.

교회의 상징인 십자가는 죽음을 의미한다. 그래서 예수님이 지셨던 그 십자가를 우리도 져야한다. 그래야만 예수님을 좇아 천국으로 향할 수 있는 것이다(막 8:34).
"형제들아 내가 그리스도 예수 우리 주 안에서 가진 바 너희에 대한 나의 자랑을 두고 단언하노니 나는 날마다 죽노라"(고전 15:31).
죽자. 내 이성을 죽이고 말씀이 살아 역사하는 삶을 살자.
그게 천국 백성의 삶이다.

## 매력 없는 천국

**또 천국은 마치 바다에 치고 각종 물고기를 모는 그물과 같으니 그물에 가득하매 물 가로 끌어 내고 앉아서 좋은 것은 그릇에 담고 못된 것은 내버리느니라 세상 끝에도 이러하리라 천사들이 와서 의인 중에서 악인을 갈라내어 풀무 불에 던져 넣으리니 거기서 울며 이를 갈리라** – 마 13:47-50

우리가 바라는 천국의 이상은 우리의 가진 신앙의 실체를 깨닫게 한다. 안타깝지만 많은 성도들이 천국을 오해하는 듯하다. 그들은 천국을 마치 금은보화가 넘쳐나는 보물섬 정도로 생각하는 것이다. 이러한 그들의 망상은 그들이 지닌 신앙의 뿌리가 성경이 아닌 기복주의에 근거하고 있음을 증명하고 있는 것이다.

천국은 사람이 아닌 하나님을 위한 공간이다. 그래서 천국에서는 영원히 하나님만을 예배한다. 그러므로 성도의 입장에서는 현세의 삶에서 하나님을 예배하며 그의 임재를 경험하는 것이 가장 가치 있는 일이라 할 수 있다. 왜냐하면 성도가 이 땅에서 예배의 감격을 누리지 못한다면 그는 결코 하나님만을 영원히 예배해야 하는 천국을 소망할 수 없기 때문이다. 어쩌면 예배의 가치를 깨닫지 못한 자들은 스스로 천국의 입성을 거부할지도 모른다. 그 이유는 그들에게 예배만하는 천국은 영 매력 없는 곳으로 느껴질 뿐이기 때문이다
"당신이 바라는 천국은 어떤 곳인가?"


## 운명을 해석하는 자세

당신들이 나를 이 곳에 팔았다고 해서 근심하지 마소서 한탄하지 마소서 하나님이 생명을 구원하시려고 나를 당신들보다 먼저 보내셨나이다
- 창 45:5

한 형제를 만나 상담을 한 적이 있다. 그는 합기도 도장을 운영

했던 건장한 청년이었다. 그런데 그만 교통사고로 다리를 다쳐 더 이상 그 일을 감당할 수 없게 되었다. 그는 그런 자신의 형편 때문인지 우울증에 시달리고 있었다. 그는 나와 상담을 하던 중 자신이 하나님을 원망하며 하루에도 몇 번씩 자살을 생각한다고 고백하였다. 나는 형제에게 다시 일어나 취업할 것을 권면했다. 하지만 그는 자신의 몸 상태로는 어떤 곳에서도 일할 수 없을 것이라며 아무런 시도조차 하지 않았다.

> 나 가진 재물 없으나 나 남이 가진 지식 없으나
> 나 남에게 있는 건강 있지 않으나 나 남이 없는 것 있으니
> 나 남이 못 본 것을 보았고 나 남이 듣지 못한 음성 들었고
> 나 남이 받지 못한 사랑받았고 나 남이 모르는 것 깨달았네
> 공평하신 하나님이 나 남이 가진 것 나 없지만
> 공평하신 하나님이 나 남이 없는 것 갖게 하셨네

이 시를 쓴 송명희 시인은 자신이 태어날 당시 의사의 실수로 뇌성마비 판정을 받게 되었다. 하지만 그녀는 자신의 불편한 몸을 휠체어에 의지하여 지금껏 1,500회 이상의 국내외 집회를 인도했다. 또한 25권이나 되는 신앙 서적을 저술하였고 100곡이 넘는 복음성가를 작사하기까지 했다. 지금은 예전보다 몸이 더 불편해졌지만 그녀는 하루에 5시간씩 성경을 읽으며 또 다른 책을 집필하기 위해 애쓰고 있다. 그런 그녀는 자신의 인생에 대해 이렇게 말한다.

"어려우면 어려울수록 공평하신 하나님의 사랑이 가슴에 사무친다. 장애를 통해 남이 깨닫지 못한 진리를 알게 됐고 수많은 사람의 사랑을 받았으니 하나님은 공평하시다고 말할 수 있지 않느냐."

결국 인생의 성패는 환경과 조건에 의해 결정되는 것이 아니다. 운명을 해석하는 자세로 결정된다고 할 수 있다.

요셉의 인생을 묵상해보자. 요셉은 형들의 시기로 인해 노예로 팔려간다. 또한 요셉은 누명을 쓰고 옥에 수감되기까지 한다. 그의 인생이 꼬일 대로 꼬여버린 것이다. 만약 내가 요셉이었다면 모든 상황을 원망하며 자포자기했을지도 모르겠다. 하지만 요셉은 자신의 운명을 다르게 해석이 했다.

"당신들은 나를 해하려 하였으나 하나님은 그것을 선으로 바꾸사 오늘과 같이 많은 백성의 생명을 구원하게 하시려 하셨나니 당신들은 두려워하지 마소서"(창 50:20-21).

내가 만났던 형제와 송명희 시인은 모두 장애가 있는 사람들이다. 하지만 한 사람은 자신의 인생을 비관하며 세상에 무익한 존재로 살아가고 있고 다른 한 사람은 요셉처럼 자신의 인생을 통해 하나님의 선하신 뜻을 깨달아 많은 성도들에게 도전이 되는 삶을 살아가고 있는 것이다.

## 고난 앞에서 회개하라

**그들이 또 모세에게 이르되 애굽에 매장지가 없어서 당신이 우리를 이끌어 내어 이 광야에서 죽게 하느냐 어찌하여 당신이 우리를 애굽에서 이끌어 내어 우리에게 이같이 하느냐** – 출 14:11

인간적인 감정으로 성경을 읽다보면 종종 하나님의 인도하심이 답답하게 느껴질 때가 있다. 왜냐하면 하나님의 기적이 너무 늦게 나타나기 때문이다.

이스라엘 백성들은 출애굽한지 얼마 되지 않아 난처한 상황에 처한다. 광야를 향하던 그들 앞에 망망대해가 길을 막아섰기 때문이다. 그뿐인가 뒤에는 그들을 사로잡으려는 애굽의 군대들이 달려오고 있었다. 이러한 난감한 상황에서 이스라엘 백성들은 하나님과 모세를 원망하기 시작한다. 솔직히 그런 상황에 처한다면 누구라도 그랬을 것이다. 결론적으로는 홍해가 갈라져 이스라엘 백성들은 목숨을 부지했지만 하나님께서 미리 홍해를 갈라놓으셨더라면 이스라엘의 원망과 불평도 없었을 텐데… 아무리 생각해도 사람의 입장에서는 하나님의 기적이 늘 한발 늦게 역사한다고 느껴질 뿐이다.

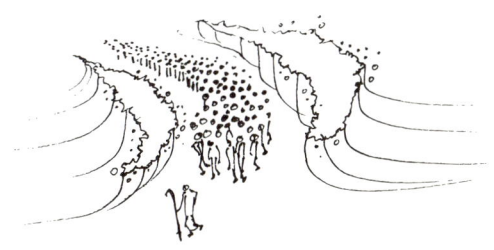

성도의 믿음은 고난 앞에서 증명된다. 성도가 처한 고난의 상황 앞에서 어떠한 반응을 하느냐에 따라서 그가 소유한 신앙의 실체가 드러난다는 것이다. 그런 관점에서 볼 때 홍해 앞에서 하나님과 모세를 원망했던 이스라엘의 신앙에는 분명히 문제가 있었다. 그들의 신앙은 하나님의 영광이 아닌 자신들의 안위에 초점 맞춰져 있었던 것이다.

하나님의 행사는 한 치의 실수도 없이 완전하시다. 그러므로 하나님께서 베푸신 모든 역사는 정확한 때에 일어난다. 그럼에도 불구하고 우리의 입장에서 하나님의 응답이 더디다고 느껴지는 이유는 우리가 고난 앞에서 우리의 신앙의 현주소를 깨달아 스스로 회개할 수 있는 기회를 허비하고 있기 때문이다.

## 마귀를 대적하라

**그런즉 너희는 하나님께 복종할지어다 마귀를 대적하라 그리하면 너희를 피하리라** – 약 4:7

하루는 나에게 한 집사님께서 찾아와 고민을 상담하였다. 자신은 신앙생활을 하는 사람인지라 음주가무를 즐기지 않았는데 사회생활을 하면서 세상문화에 젖어들었다고 하셨다. 그래서 하나님께 늘 죄송한 마음으로 금주를 선언하지만 그러한 결단이 매번 수포로 돌아가 버린다는 것이었다.

하지만 나는 그러한 집사님의 방식에 문제가 있음을 느낄 수가 있었다. 그 집사님은 회식자리에서 금주를 결단하시지만 진정으로 금주를 바란다면 애초에 회식자리에 참여하지 않는 것이 현명한 처사이기 때문이다.

성경은 성도에게 마귀를 대적할 것을 명령한다. 하지만 마귀를 대적한다는 것은 단순히 큰 소리를 지르며 기도하고 마귀에게 떠날 것을 호령하는 것이 아니다.

성경에서 사용된 '대적'이라는 단어는 헬라어 *'안티스테테'*를 번역한 것인데 이 단어는 본래 '반대하여 서다.'라는 뜻을 가지고 있다. 즉 성도가 마귀를 물리칠 수 있는 방법은 마귀의 자리를 떠나 그에 반하는 곳에 서는 것이라 할 수 있다.

예수님께서는 공생애 사역을 통하여 이러한 영적 전쟁에 본을 보여주셨다. *"이에 마귀가 예수를 거룩한 성으로 데려다가 성전 꼭대기에 세우고"*(마 4:5). 이처럼 사탄은 항상 높은 자리에 위치하며 우리가 그 높은 곳으로 접근하길 기대한다.(그래서 하나님을 대항했던 완악한 자들이 바벨탑을 쌓지 않았던가?) 하지만 예수님께서는 그런 사탄의 의도에 속지 않으셨다. 그들의 머문 곳을 피하여 스스로 구별됨을 선택하셨던 것이다. *"그러므로 예수께서 그들이 와서 자기를 억지로 붙들어 임금으로 삼으려는 줄 아시고 다시 혼자 산으로 떠나 가시니라"*(요 6:15).

마귀가 머문 곳에서 아무리 부르짖어 기도해봤자 목만 아플 뿐이다. 마귀가 떠나가야 하는 것이 아니라 내가 그 자리를 떠나야 하는 것이다.

## 고난의 유익

**여호와께서 아브람에게 이르시되 너는 너의 고향과 친척과 아버지의 집을 떠나 내가 네게 보여 줄 땅으로 가라** – 창 12:1

나는 고등학교를 졸업하고 뜻하지 않게 혼자 생활하게 되었다. 당시 사업을 하셨던 부모님께서 갑작스럽게 지방으로 이사를 하셨던 것이다. 처음에는 그런 상황이 나쁘지 않았다. 부모를 떠났다는 해방감에 며칠 동안 잠도 안 자고 게임을 하면서 재미있게 지냈다. 하지만 그런 시간도 잠시였다. 나는 얼마 지나지 않아 그동안 한 번도 겪어보지 못했던 고난들을 맞닥뜨려야 했다.

먼저는 배고픔이 찾아왔다. 항상 부모의 그늘 아래 부족함 없이 누렸던 나였는데 이제는 스스로 끼니를 해결해야 했던 것이다. 그러다보니 매일 라면 등으로 끼니를 해결했다. 무엇보다 나에게 가장 큰 고난은 외로움이었다. 사람은 관계적인 동물이라고 하지 않던가? 그런데 직장에서 퇴근을 하고 돌아오면 지친 나를 반겨주는 사람이 아무도 없었다. 밤이 되면 그러한 외로움은 두려움으로 변해갔다. 그래서 나는 밤마다 텔레비전을 켠 채 잠을 청해야 했다. 그렇게 배고픔, 외로움, 두려움이 연속되었던 그때 나는 스스로 돌파구를 찾기 시작했다. 그것은 바로 '예배'였다. 날마다 예배하며 하나님께서 나를 지켜주시길 바랬던 것이다.

*"고난 당한 것이 내게 유익이라 이로 말미암아 내가 주의 율례들을 배우게 되었나이다"*(시 119:71).

나는 그때 내가 겪은 고난을 축복이라 믿는다. 그 이유는 하나님께서 그 고난을 통해 나에게 성경을 가르치시고 예배의 거룩한 습관을 허락하셨기 때문이다.

아브라함이 우르를 떠나는 것은 쉽지 않은 결정이었을 것이다. 우르는 아브라함의 아버지 데라가 일구어 놓은 삶의 터전이기 때문이었다. 만약 아브라함이 하나님의 음성을 거부하고 그곳에 머물렀다면 그의 생계에는 아무런 지장이 없었을 것이다. 하지만 하나님께서는 그에게 부모의 품을 떠나 고난을 자청할 것을 명령하셨다. 왜냐하면 그 고난 안에 하나님의 섭리와 은총을 깨달을 수 있는 귀한 은혜가 있기 때문이었다.

## 곧 이때라

여자가 이르되 메시야 곧 그리스도라 하는 이가 오실 줄을 내가 아노니 그가 오시면 모든 것을 우리에게 알려 주시리이다 예수께서 이르시되 네게

### 말하는 내가 그라 하시니라 - 요 4:25-26

수가성 여인은 이웃을 피하여 물을 길으러 나왔다. 아마도 타인에게 자신을 드러내지 못할 사정이 있었나보다. 그런데 그런 여인에게 의도적으로 예수님께서 접근하신다. 그리고는 여인에게 남편을 불러올 것을 명하신다. 사실 그런 예수님의 명령은 여인의 정곡을 찌른 것이었다. 그 여인이 사람들의 낯을 피한 것도 분명 그 이유와 관련이 있었을 것이다.

하지만 여인에게는 남편은 없었다. 아니 있었지만 부정하고 싶었다. *"너에게 남편 다섯이 있었고 지금 있는 자도 네 남편이 아니니 네 말이 참되도다"*(요 4:18).

자신의 부끄러운 과거를 숨기길 원하는 여인에게 이런 예수님의 말씀은 분명 따가운 가시처럼 느껴졌을 것이다. 그럼에도 불구하고 예수님께서는 그녀의 심령을 찌르시며 그녀가 자신의 죄를 시인하길 원하신다. 만약 수가성 여인이 그런 자신의 처지를 숨겼다면 어떠했을까? "방귀 뀐 놈이 성낸다"는 말처럼 예수님을 심하게 배척했을 것이다. 하지만 그 여인은 예수님 앞에 자신의 죄를 시인한다.

"여자가 이르되 주여 내가 보니 선지자로소이다"(19절). 이런 그녀의 말은 자신의 부끄러운 죄를 지적하시는 예수님의 모든 말씀이 옳다고 인정하는 것이다. 그리고는 예수님께 이런 질문을 던진다. "우리 조상들은 이 산에서 예배하였는데 당신들의 말은 예배할 곳이 예루살렘에 있다 하더이다"(20절).

그녀가 던진 질문의 핵심은 바로 '예배'였다. 여인은 비록 죄인이었지만 구원에 대한 갈망을 소유하고 있었던 것이다. 그래서 자신의 죄를 사함받기 위해 예배의 처소를 찾을 심산이었나 보다.

"아버지께 참되게 예배하는 자들은 영과 진리로 예배할 때가 오나니 곧 이 때라 아버지께서는 자기에게 이렇게 예배하는 자들을 찾으시느니라"(23절). 이 말씀은 대화의 정점을 찍는 구절이다. 예배를 통해 회개하길 원하는 여인에게 예수님께서는 그녀가 지금 그런 예배를 감당하고 있다고 말씀하시는 것이다.

"그들이 이 말을 듣고 마음에 찔려 그를 향하여 이를 갈거늘"(행 7:54). 모든 사람들은 죄인이다(롬 3:10). 하지만 그런 죄인들은 두 부류 나뉜다. 한 부류는 자신이 죄인이라는 것을 아는 자들이고, 한 부류는 자신이 죄인인 것을 모르는 자들이다.

하나님께서 찾으시는 예배자는 누구인가? 수가성 여인처럼 자신의 죄를 알고 인정하여 오직 예수님의 은혜를 갈구하는 자이다. 사람들이 예배를 기피하는 이유는 간단하다. 예수님께서 말씀을 통해 그들의 수치를 드러내시기 때문이다. 그래서 참된 예배는 예나 지금이나 자신의 죄를 인정하지 않는 자에게는 죽을 맛이다.

## 알량한 자존심

**또 실로암에서 망대가 무너져 치어 죽은 열여덟 사람이 예루살렘에 거한 다른 모든 사람보다 죄가 더 있는 줄 아느냐 너희에게 이르노니 아니라 너희도 만일 회개하지 아니하면 다 이와 같이 망하리라** – 눅 13:4-5

소돔으로 향하던 롯은 얼마 지나지 않아 전쟁포로 신세가 되었다. 하나님께서는 그런 상황을 통하여 조카 롯이 안정된 삶을 이유로 아브라함을 떠난 것을 회개하도록 유도하셨다. 하지만 롯은 그러한 기회를 놓치고 말았다. 결국 롯은 모압과 암몬의 선조로 역사에 기록되었다

나는 이러한 모든 결과가 롯의 알량한 자존심 때문이라 생각한다. 그가 만약 고개를 숙여 다시 아브라함에게로 복귀했다면 최소한 이방인의 조상이라는 수치는 면했을 텐데 말이다.

레위 지파는 하나님께 선택을 받았다. 그래서 그들은 예배의 도구로 쓰임 받는 영광을 누리게 된다. 하나님께서 이스라엘 열두 지파 중에서 특별히 레위 지파를 구별하신 이유는 출애굽기

32장에 기록된 이스라엘의 우상숭배 사건에서 드러난다.

당시 이스라엘 백성들은 율법(십계명)을 받기위해 시내산에 오른 모세를 기다리지 못하고 금송아지를 만들어 숭배하였다. 하지만 인자하신 하나님께서는 그런 그들에게 자복하고 회개할 수 있는 기회를 허락하셨다.

*"이에 모세가 진 문에 서서 이르되 누구든지 여호와의 편에 있는 자는 내게로 나아오라 하매 레위 자손이 다 모여 그에게로 가는지라"*(출 32:26). 레위 지파 역시 다른 이스라엘 백성처럼 우상숭배에 가담했다. 하지만 이스라엘의 열두 지파 중 오직 레위 지파만이 자신의 행동을 돌이키고 하나님의 종 모세의 편을 선택하였다. 결국 그들은 순간의 돌이킴으로 하나님께 용서받아 쓰임 받게 된 것이다.

죄가 있는 것보다 더 심각한 것은 회개하지 않는 것이다. 하나님의 진노는 죄가 있는 사람에게 임하지 않는다. 오직 회개하지 않는 사람에게 임하는 것이다.

우리의 알량한 자존심이 나쁜 이유가 여기에 있다. 헛된 자존심은 지금도 우리의 죄를 가려 우리가 스스로 회개할 수 없도록 작용하고 있는 것이다.

## 같은 체험, 다른 결과

**모세와 아론이 바로에게 가서 여호와께서 명령하신 대로 행하여 아론이 바로와 그의 신하 앞에 지팡이를 던지니 뱀이 된지라** – 출 7:10

많은 성도들이 신비한 은사나 초자연적인 체험 등이 자신들의 믿음을 확장시킬 것이라 기대한다. 물론 그러한 견해가 비성경적이라고는 할 수 없다. 왜냐하면 성경에 등장하는 믿음의 선조들은 대부분 하나님의 기적을 경험했기 때문이다. 하지만 그러한 체험이 믿음의 확장을 이루기 위해서는 성도들에게 반드시 선행돼야 할 것이 있다.

살인자가 된 모세는 떨기나무 가운데 임재하신 하나님의 명령을 듣는다. 그리고 하나님께서는 모세에게 지팡이가 뱀으로 변하는 초자연적 현상을 보이시므로 그가 말씀에 순종할 수 있도록 믿음을 더 하신다. 하지만 재미있는 것은 그러한 초자연적인 기적을 애굽의 왕 바로도 동일하게 목도했다는 것이다.
*"그러나 바로의 마음이 완악하여 그들의 말을 듣지 아니하니 여호와의 말씀과 같더라"*(출 7:13). 하지만 바로는 오만하게도 하나님의 명령을 거부하였다. 모세와 바로는 같은 기적을 체험했지만 서로 반응이 달랐던 것이다.

이러한 그들의 서로 다른 반응은 회심(회개)의 유무가 낳은 결과라 할 수 있다. 모세는 하나님의 기적을 체험하기 전 살인자의 신분으로 자신이 죄인임을 철저하게 깨달았다. 그랬기에 초자연적인 체험을 통해 하나님을 향한 경외심을 소유할 수 있었던 것이다. 하지만 어리석은 바로는 회심이 전제되지 않은 상황에서 기적을 목도했으니 하나님의 말씀에 순종할 리가 없었다. 결국 바로는 열 가지의 재앙을 통해 더 큰 하나님의 기적을 경험했지만 하나님의 말씀에 굴복하지 않아 사망에 이르게 되었다.

하나님은 아무에게나 초자연적인 경험을 허락하시지 않는다. 오직 회개하여 자기부정을 이룬 성도들에게만 자신의 현현을 나타내어 믿음을 더하여 주시는 것이다.

## 잔소리

**지혜로운 아들은 아비의 훈계를 들으나 거만한 자는 꾸지람을 즐겨 듣지 아니하느니라** – 잠 13:1

비가 오는 어느 날이었다. 차를 운전하고 있는데 갑자기 길이 막히기 시작했다. 한참을 거북이처럼 더디 가는데 바로 앞에 있는 차가 불법 유턴을 시도했다. 그래서 나는 경적을 울리며 유턴하려는 그 차에게 경고를 했다. 왜냐하면 조금 전 반대편 길에 경찰차가 정차되어있던 것을 보았기 때문이었다. 그런데 그 유턴하려던 차는 내 행동을 이상하게 여긴 듯 유턴을 하다말고 창문을 통해 나를 째려보았다. 그의 눈은 마치 이렇게 말하는 듯 했다. "네가 뭔데 내가 불법 유턴한다고 나에게 경적을 울려!"

어찌되었을까? 백미러를 통해서 본 그 자동차는 경찰차에 잡혀 딱지를 끊고 있었다. 경적소리를 듣고 한번쯤 주위를 살폈다면 비싼 딱지는 끊지 않았을 텐데 말이다.

요즘 성도들은 쓴소리를 정말 싫어한다. 그렇다고 목사인 내가 그들의 잘못을 묵인할 수도 없는 일이다. *"무릇 내가 사랑하는 자를 책망하여 징계하노니 그러므로 네가 열심을 내라 회개하라"*(계 3:19).

우리 딸이 어렸을 적에 처음으로 칼을 가지고 놀았던 때를 생각해본다. 어린 아이에게 그 칼은 얼마나 신기한 물건이었을까? 자신이 원하는 모양대로 종이를 자를 수 있으니 정말 재미있는 놀이기구를 발견했다고 느꼈을 것이다. 하지만 나는 그런 딸의 모습을 보고 엄하게 야단쳤다. 딸이 그 칼을 가지고 놀다가는 큰 사고가 날 수 있기 때문이었다. 그때부터 어린 딸은 칼을 잡지 않았다. 칼의 위험성을 알아서가 아닐 것이다. 그것을 가지고 놀면 아빠가 싫어하는 것을 알았기 때문일 것이다.

재미있게도 내가 아는 하나님은 사랑하는 자녀에게 많은 잔소리를 하시는 분이다. 왜냐하면 그분은 자녀가 자신의 말에 순종하여 늘 안전하기를 바라시기 때문이다.

## 귀신의 거처

**예수께서 바다 건너편 거라사인의 지방에 이르러 배에서 나오시매 곧 더러운 귀신 들린 사람이 무덤 사이에서 나와 예수를 만나니라** – 막 5:1-2

우리는 위의 말씀을 통해 귀신의 거처가 어디인지 파악할 수 있다. 귀신은 무덤 사이에 거하고 있는 것이다. 이 말은 귀신이 공포영화에서 나오는 것처럼 음산한 곳에 거한다는 것이 아니다.

예수님께서는 외식하는 바리새인들을 가리켜 '회칠한 무덤'이라 말씀하셨다(마 23:27). 그만큼 그들은 그럴싸한 외형을 갖추었지만 그들의 중심은 온갖 부패한 것들로 채워져 있었다.

많은 사람들이 귀신을 이길 수 있는 능력이 기도에 있다고 믿는다. 하지만 귀신을 가장 손쉽게 이길 수 있는 방법은 예배를 통해 하나님의 임재를 이루는 것이다. 빛과 어둠이 공존할 수 없듯이 하나님의 영이 임재 된 예배 안에는 결코 귀신이 역사할 수 없기 때문이다.

귀신은 회칠한 무덤과 같은 자들 사이에 존재한다. 그 이유는 그들의 중심이 불결하여 하나님께서 기뻐 받으시는 예배를 감당할 수 없기 때문이다. 반대로 귀신은 하나님을 신령과 진정으로 예배하는 자를 멀리한다. 왜냐하면 그들의 심령에 빛 되신 성령이 살아계시기 때문이다.

"*허락하신대 더러운 귀신들이 나와서 돼지에게로 들어가매*"(막 5:13). 결국 귀신은 참된 예배자이신 예수님 앞에서 옴짝달싹하지 못하고 돼지 안으로 들어갔다. 귀신이 돼지를 자신의 피난처로 삼은 이유는 돼지가 영을 소유하지 못하여 결코 하나님을 예배할 수 없는 존재이기 때문이다(전 3:21). 그러므로 귀신은 지금도 예배의 기능이 잃어버린 자들의 마음을 거처 삼고 있는 것이다.

귀신은 어떠한 형상을 소유하지 않는다. 그들은 성경에 반하는 세상문화로 존재한다. 그러므로 우리는 유기된 세상 사람들과의 교제를 통해 쉽게 귀신을 접할 수 있는 것이다.

북이스라엘의 왕 아합은 우상숭배자였던 이세벨을 아내로 삼았다. 그 결과 이세벨이 숭배했던 바알은 아합을 통해 이스라엘 백성들에게 고스란히 전파되었다. 미꾸라지 한 마리가 강물을 흐린다 하지 않았던가? 개와 돼지와 다름없던 이세벨 한명이 귀신의 문화를 전파하여 이스라엘 전체를 우상숭배에 빠지게 만든 것이다.

귀신의 거처는 유기된 세상 사람들의 심령이다. 그러므로 우리가 지혜롭게 그들과의 관계를 멀리하는 것은 마귀의 역사를 예방하는 일이라 할 수 있다.

## 거듭남의 증거

**예수께서 대답하여 이르시되 진실로 진실로 네게 이르노니 사람이 거듭나지 아니하면 하나님의 나라를 볼 수 없느니라** – 요 3:3

성도의 영안은 신앙의 성장과 발맞추어 개안한다. 그래서 미숙한 어린 아이의 특징 중 하나는 남을 고려하지 않고 항상 자신의 입장만을 고수하는 것이다. 하지만 종종 성인들에게도 이러한 이기심을 보게 된다. 그것은 그들이 어린 아이 수준에 머물고 있다는 정황이 된다. 신앙도 이와 마찬가지다.

성도는 누구나 신앙생활을 시작하며 시각의 변화를 경험한다. 율법으로 말미암아 자신의 죄를 깨달은 성도는 그때부터 타인을 의식하게 되는 것이다. 하지만 그렇다고 그러한 의식이 옳다고는 할 수 없다. 그것은 타인의 입장을 살피는 선한 의도가 아닌 자신의 죄를 타인에게 노출시키지 않기 위한 불안함의 기색일 뿐이기 때문이다. 그러한 의식은 마치 아담과 하와가 선악과를 취한 뒤 자신들의 치부를 무화과 나뭇잎으로 가리려 시도한 것과 같다고 할 수 있다.

언젠가 카페에서 제자들을 만나려 기다리고 있는데 옆 테이블에 앉아있는 한 여성이 실수로 자신의 옷에 커피를 쏟았다. 그런데 나는 그녀의 행동이 의아했다. 나 같았으면 빨리 옷에 묻은 커피를 닦고 치웠을 텐데 그 여자는 무엇이 부끄러운지 빨갛게 상기된 얼굴로 주위를 둘러보더니 황급히 밖으로 도망치듯 나가 버렸던 것이다.

또 한 번은 길을 가다가 고등학생이 넘어지는 것을 본 적이 있다. 무엇이 급했는지 정신없이 뛰어오다가 다리를 헛디뎌 넘어졌다. 주위의 사람들은 넘어진 학생을 안타깝게 바라보았다. 그런데 이후 행동이 의아하다. 찢어진 교복바지 사이로 맨살이 보일 만큼 다쳤는데도 얼굴을 가리고 절뚝거리며 자리를 황급히 떠났다. 속된 표현으로 무엇이 팔린 것처럼 말이다.

이처럼 우리 주위에는 타인을 과하게 의식하는 사람들이 있다. 성경에 등장하는 니고데모도 그중 한 명이라 할 수 있다. 그는 늦은 밤 예수님을 찾아왔다(요 3:2). 그 이유는 타인에게 자신의 행보를 들키고 싶지 않았던 것이었다. 그는 자신이 유대인의 관원으로써 예수님께 신학에 관한 답을 얻고자 함에 스스로 수치감을 느꼈는지도 모른다. 하지만 그를 만난 예수님께서는 그런 그의 질문에 답보다는 그의 그릇된 시각을 지적하신다. *"사람이 거듭나지 아니하면 하나님의 나라를 볼 수 없느니라"*(3절). 이러한 예수님의 말씀은 거듭남이 영적인 시각과 밀접한 관계가 있음을 깨닫게 한다.

중생이란 전적 타락한 인간이 예수님을 영접하여 새사람이 되는 것을 의미한다. 예수님께서는 그러한 중생의 증거가 시각의 변화를 통해 드러난다고 말씀하신다.

즉 오직 자신의 입장만을 고수하던 이기적인 인간이 율법을 통하여 자신의 죄를 발견하여 타인을 경계하게 되고 그러한 긴장의 연속에서 영적 파산(회개)에 이르러 오직 하나님만을 앙망하게 됨이 거듭남의 과정이라 할 수 있는 것이다.

당신은 지금 누구를 의식하고 있는가?

## 보고, 듣는 것에 유의합시다

**네 몸의 등불은 눈이라 네 눈이 성하면 온 몸이 밝을 것이요 만일 나쁘면 네 몸도 어두우리라** – 눅 11:34

2010년 12월, 서울 잠원동 골목길에서 20대 초반의 한 남성이 묻지마 살인을 저질렀다. 그는 먼저 피해자의 허벅지를 찔렀고 피를 흘리며 도주하는 그를 쫓아가 흉기를 휘둘렀다. 경찰은 이 남성이 사회생활에 적응하지 못해 고립생활을 하면서 하루 대여섯 시간씩 칼싸움 게임에 빠져있었다고 발표하였다. 그는 사건

당일에도 블레이블루라는 검술격투 게임을 하다가 갑자기 살인 충동을 느꼈고 결국 집 밖으로 나가 가장 먼저 눈에 띄는 사람을 무작정 살해했다고 진술했다. 이 사건은 '보고, 듣는 것'이 우리의 정신건강에 얼마나 큰 영향을 주는지를 보여 주는 것이라 할 수 있다.

"*그러므로 믿음은 들음에서 나며 들음은 그리스도의 말씀으로 말미암았느니라*"(롬 10:17).

뉴질랜드 통계청은 2011년 한해 총 406,056건의 범죄가 발생했다고 밝혔다. 이는 2010년보다 4.8%나 줄어든 수치였다. 뉴질랜드 평균 범죄율을 크게 낮춘 일등 공신은 바로 뉴질랜드 북동 연안에 위치한 도시 '크라이스트처치'였다. 크라이스트처치는 2010년에 비해 범죄 발생률이 무려 22%나 줄어들었다고 한다. 그런데 범죄율 저하를 위해 그들이 고안한 방법이 흥미롭다. 크라이스트처치 시청은 지난 2009년 6월부터 도심 한가운데에 야외 스피커를 설치하고 잔잔한 클래식 음악을 방송하기 시작했다. 그런데 거짓말처럼 그때부터 범죄가 거의 발생하지 않았던 것이다.

우리가 보고 들은 것은 분명 우리의 삶에 영향을 끼친다. 그러므로 성도는 항상 보고, 듣는 것에 유의해야 하는 것이다.

## 성령님의 음성을 듣는 자

귀 있는 자는 성령이 교회들에게 하시는 말씀을 들을지어다 이기는 그에게는 내가 하나님의 낙원에 있는 생명나무의 열매를 주어 먹게 하리라
- 계 2:7

'나아만 장군'은 나라를 구원한 용사로서 당시 아람 왕에게 큰 총애를 받았던 인물이었지만 안타깝게도 그는 나병을 앓고 있었던 환자였다(왕하 5:1).

그런 그가 자신의 병을 치료받기 위해 엘리사를 찾아온다. 사실 이러한 그의 행보는 그가 이스라엘에서 사로잡은 어린 여종의 조언이 있었기에 가능했다(3절). 다시 말해 그는 여종을 통해 들려졌던 하나님의 음성에 순종하여 엘리사를 찾았던 것이다. 하지만 그의 신분을 고려해 볼 때 한낱 노예에 불과한 어린 소녀의 이야기를 들었다는 것도 믿기지 않는다. 그만큼 나아만은 간절한 마음으로 자신의 병이 치료되기를 바랐다.

그런데 엘리사는 그런 그에게 자신의 얼굴조차 내비치지 않았다. 다만 그에게 병든 몸을 요단강에 일곱 번 씻으라고 명령만 할 뿐이었다. 그러한 엘리사의 반응에 자존심이 상했던 것일까? 나아만은 엘리사를 오만한 자라 여기며 자신의 처소로 복귀를 결정한다. 그런데 그의 종들이 나와서 다시 간청을 한다.

"내 아버지여 선지자가 당신에게 큰 일을 행하라 말하였더면 행하지 아니하였으리이까 하물며 당신에게 이르기를 씻어 깨끗

하게 하라 함이리이까 하니"(왕하 5:13).

어쩌면 이러한 종들의 권면은 목숨을 거는 것과 같았을지도 모른다. 또한 엘리사를 오해하며 흥분했던 나아만의 입장에서는 그러한 종의 조언이 반갑지 않게 느껴졌을 수도 있었을 것이다. 하지만 놀라운 것은 나아만이 종의 말을 수용하여 순종했다는 것이다. 그 결과 나아만은 나병에서 치료를 받았고 이스라엘의 하나님을 믿어 구원에 이르게 되었다.

"요술사가 바로에게 말하되 이는 하나님의 권능이니이다 하였으나 바로의 마음이 완악하게 되어 그들의 말을 듣지 아니하였으니 여호와의 말씀과 같더라"(출 8:19).

하나님의 음성은 우리가 생각하는 것보다 가까운 곳에서 들을 수 있다(눅 22:41). 하지만 문제는 우리가 교만하여 그런 하나님의 음성을 외면하고 있다는 것이다.
명심하자. 나아만이 하나님께 축복을 받은 이유는 미천한 사람을 통해 말씀하시는 성령님의 음성을 듣고 순종했기 때문이었다.

## 아는 것과 순종하는 것

**큰 소리로 부르짖어 이르되 지극히 높으신 하나님의 아들 예수여 나와 당신이 무슨 상관이 있나이까 원하건대 하나님 앞에 맹세하고 나를 괴롭히지 마옵소서 하니** – 막 5:7

진리를 아는 것과 진리에 순종하는 것은 엄연히 다른 것이다. 하지만 많은 성도들이 해박한 성경 지식을 소유한 것을 믿음이라 착각한다. 하지만 성경은 우리에게 행함이 없는 믿음은 죽은 것이라 경고하고 있다(약 2:14).

위의 말씀에 등장하는 귀신들린 자를 생각해보라. 그는 베드로처럼 예수님이 하나님의 아들이라는 진리를 알고 있었다. 하지만 그는 예수님의 말씀듣기를 거절하였다. *"하나님의 아들 예수여 나와 당신이 무슨 상관이 있나이까"*(막 5:7).

어쩌면 귀신은 성도에게 오히려 진리를 알려주는지도 모른다. 그리고는 그 진리의 말씀에 순종할 의지는 빼앗아 버리는 것이다. 왜냐하면 우리가 하나님의 말씀을 듣고도 순종하지 않게 되면 우리로 하여금 세상에서 하나님의 영광이 실추될 것이 분명하기 때문이다.

어렸을 적 내 꿈은 목사였다. 그만큼 그 시절에는 성직이라 하여 목사가 존경받는 대상이었다. 하지만 세상 사람들은 더 이상 목사를 존경하지 않는다. 왜냐하면 너무나 많은 불법과 범죄가 교회와 목사에게서 나타나고 있기 때문이다.

나는 목사인 나 자신에게 항상 조언한다. 하나님의 말씀이 진리이지만, 그것을 전하기만 한다고 천국입성이 보장되는 것이 아니라는 것을 말이다. 나는 하나님의 나라가 오직 복음을 바르게 깨달아 순종하는 자의 것이라 믿는다. 그러한 성도의 삶을 통해서 하나님의 영광이 세상에 드러나기 때문이다.

## 율법의 오용

**사랑은 이웃에게 악을 행하지 아니하나니 그러므로 사랑은 율법의 완성이니라** – 롬 13:10

하나님께서 성도에게 율법을 주신 이유는 성도 각자가 그 율법으로 말미암아 자신 안에 자리 잡은 원죄를 발견하여 자기부정을 이루기 위함이었다. 하지만 예수님의 공생애 당시 바리새인들은 하나님이 주신 율법을 이용하여 자신이 아닌 타인을 정죄했던 어리석은 자들이었다(요 8:2-4).

성도들이 율법을 통하여 자기부정과 의의 파산을 이루게 되면 그들 안에는 동질감이 형성된다. 자신에게 의가 날 수 있다고 착각했었던 지난날, 많은 이방인들을 개로 취급하며 정죄했던 그들이 율법을 통해 자신의 죄를 발견하여 자기 스스로 부정한 자로 여기게 된다. 다시 말해 율법을 오용으로 나타났던 의의 격차가 율법의 올바른 기능으로 말미암아 소멸되어 모든 성도들은 죄인이라는 하나의 신분으로 통일을 이루게 된다는 것이다(엡 1:10).

성경에 기록된 것처럼 사랑은 율법의 완성이다. 그러므로 진정한 이웃 사랑은 회개로 시작된다고 해도 과언이 아니다. 자신의 죄를 깨달은 사람만이 자신과 같은 죄인인 이웃을 용서할 수 있기 때문이다.

"바울이 이르되 회칠한 담이여 하나님이 너를 치시리로다 네가 나를 율법대로 심판한다고 앉아서 율법을 어기고 나를 치라 하느냐 하니"(행 23:3).

자기부정을 통하여 예수님께 은혜를 받은 자는 결코 이웃을 정죄하지 않는다. 왜냐하면 그는 이웃을 향한 정죄가 결국은 자신을 향한 것임을 알고 있기 때문이다.

명심하자. 하나님께 선택받은 우리 모두는 용서가 필요한 동일한 죄인이라는 것을 말이다.

## 기질의 대물림

**여호와께서 아브람에게 이르시되 너는 너의 고향과 친척과 아버지의 집을 떠나 내가 네게 보여 줄 땅으로 가라** – 창 12:1

　다윗은 간통을 저질러 자신의 인생에 큰 오점 하나를 남기게 되었다. 그만큼 다윗은 음란한 기질을 소유했던 인물이었다. 하지만 안타깝게도 그의 그러한 기질은 다윗 자신을 넘어 아들들에게 대물림되게 되었다. 다윗의 맏아들 암논은 자기 누이 다말을 강간했으며 다윗의 넷째 아들이었던 아도니야는 아버지의 첩이었던 아비삭을 취하려다 결국 죽음을 맞게 되었다. 또한 다윗의 왕위를 계승했던 솔로몬은 아내와 첩을 1천 명이나 거느린 음란한 왕이 아니었던가?

　야곱은 그 이름의 뜻에서도 알 수 있듯이 사기꾼 기질을 가진 자였다. 솔직히 팥죽으로 형제의 장자권을 산다는 것이 말이 되는 일인가? 하지만 그는 그러한 엉뚱한 일을 꾸며내 형의 장자권을 도둑질한다. 그렇게 야곱이 장자권을 소유할 수 있도록 도왔던 자가 있었으니 그는 그의 어머니 리브가였다. 즉 야곱의 그릇된 기질은 어머니에게서 대물림되었던 것이다. 이러한 리브가의 기질은 야곱이 외삼촌 라반의 집에 머물렀을 때에도 드러난다. 리브가의 오라버니인 라반은 자신의 이익을 위해 여러 번 야곱을 속이며 그를 이용했던 것이다.

이처럼 그릇된 기질들은 분명히 대물림된다. 그러므로 인생의 성패는 가정에 흐르는 잘못된 기질과 문화에서 얼마나 빨리 벗어나느냐가 관건이라 할 수 있다.

만약 아브라함이 하나님의 말씀을 저버리고 갈대아 우르에 머물렀다면 어떻게 되었을까? 분명 아버지 데라가 일궈놓은 삶의 터전에서 안정적인 삶을 유지했을 것이다. 하지만 그는 데라의 방식들을 그대로 답습하여 우상숭배자의 삶을 살았을 것이다. 다행히 아브라함은 아비의 집을 떠나 하나님께서 지시한 곳을 향하여 나아갔다. 결국 그는 그곳에서 하나님을 만났고 하나님께서 기뻐하시는 문화를 소유하여 믿음의 조상이라 칭함을 받게 되었다.

## 문화의 대물림

**여호와께서 아브람에게 이르시되 너는 너의 고향과 친척과 아버지의 집을 떠나 내가 네게 보여 줄 땅으로 가라** – 창 12:1

나는 어려서부터 신장이 좋지 않았었다. 그런데 그 원인을 결혼한 후에야 뒤늦게 알게 되었다. 아내가 우리 집에 인사를 드리러 온 첫 날, 아내가 어머니께서 차려주신 음식을 먹는데 갑자기 국에 몰래 물을 섞었다. 그 이유는 어머니께서 조리해주신 음식이 아내의 기준에서 너무 짰기 때문이었다.

　반대로 나는 아내의 친정에 처음 인사를 드리러 갔을 때 장모님의 조리해주신 음식을 먹고 당황했었다. 음식에 간이 전혀 되어있지 않다고 느꼈기 때문이었다. 그만큼 장모님의 음식은 싱거웠다. 그래서인지 그 당시 속이 좁은 나는 결혼 후에 입맛에 맞지 않는 음식을 어떻게 먹어야 할지 자주 염려했었다. 그런데 놀라운 사실은 결혼을 하고 아내가 조리해준 저염식의 음식을 섭취하면서 자연스럽게 건강이 회복되었던 것이다.

　전도사 시절의 일이다. 교회에는 몸이 비대하신 할아버지 한분이 신앙생활을 하고 계셨다. 연로하셨던 그 할아버지는 몸도 비대하셨지만 한쪽 다리에 장애를 가지고 계셨고 한쪽 눈의 시력도 잃은 상태였다. 그래서인지 할아버지는 매 주일마다 아들의 인도를 받아 힘겹게 교회로 나오셨다. 그런데 부자의 모습은 큰 차이가 있었다. 아들은 아버지와 다르게 체구가 당당하고 건장하게 보였다. 언젠가 교회에서 그분과 함께 식사를 하다가 재미있는 상황을 목격했다. 그분이 자신의 밥그릇의 밥을 반 정도 덜어냈던 것이다. 그래서 나는 그분에게 소식하시는 이유를 물었다. 그랬더니 그분은 내게 이렇게 답을 했다. "아버님이 당뇨에 걸리셔서 눈을 실명하시고 저렇게 고생하시는 것을 보고 저는 절대 저렇게 되서는 안 되겠다고 결심했습니다. 그래서 적게 먹고 매일 운동하고 있어요."

　만약 우리가 부모의 잘못된 방식을 답습하며 살아간다면 우리는 분명 부모가 걸어왔던 길을 그대로 따라가게 될 것이다.

## 쓴소리

**때가 오래 되었으므로 너희가 마땅히 선생이 되었을 터인데 너희가 다시 하나님의 말씀의 초보에 대하여 누구에게서 가르침을 받아야 할 처지이니 단단한 음식은 못 먹고 젖이나 먹어야 할 자가 되었도다** – 히 5:12

딸은 생각만 해도 눈물이 울컥 쏟아질 것 같은 세상에 둘도 없는 나의 존귀한 존재이다. 나는 그런 딸을 '못난이'라고 부른다. 그런데 신기한 것은 우리 딸이 나의 그런 소리를 듣고도 전혀 언짢아하지 않는다는 것이다. 딸은 내 진심을 잘 알고 있는 듯하다. 딸은 아직 얼지만, 나의 농담보다는 그 안에 들어있는 진심을 느끼고 있는 것이다.

나는 목사다. 목사는 성도를 사랑하는 사람이다. 아비가 사랑 가득한 눈빛으로 자식을 보듯, 성도에 대한 애틋한 감정을 간직하고 있다. 그러한 감정은 설교를 통해 고스란히 드러난다. 나는 성도들이 바른 신앙생활을 하도록 자주 쓴 설교를 한다. 하지만 그런 설교를 안타깝게도 많은 성도들이 반기질 않는다. 그들의 영혼을 사랑하는 내 감정을 이해하지 못하는 것이다.

"예수께서 돌이키사 제자들을 보시며 *베드로를 꾸짖어 이르시되 사탄아 내 뒤로 물러가라* 네가 하나님의 일을 생각하지 아니하고 도리어 사람의 일을 생각하는도다 하시고"(막 8:33).

베드로는 예수님의 수제자였다. 하지만 예수님께서는 그런 베드로를 서슴없이 꾸짖으신다. 사탄이라는 칭호를 사용하시면서까지 말이다. 물론 그러한 예수님의 질책은 베드로를 저주하려 하셨던 것이 아니다. 오히려 그가 잘되기를 바라며 돌이키기를 바라셨던 것이다. 이처럼 제자들도 예수님의 쓴소리를 피할 수 없었다. 하물며 죄 많은 우리가 어찌 그 쓴소리를 거부할 수 있겠는가?

단단한 음식은 오직 장성한 자의 것이다.
(따가운 말씀은 성숙한 성도만이 들을 수 있다.)

## 4장

# 하나님께 가까이 함이 내게 복이라
(시 73:28)

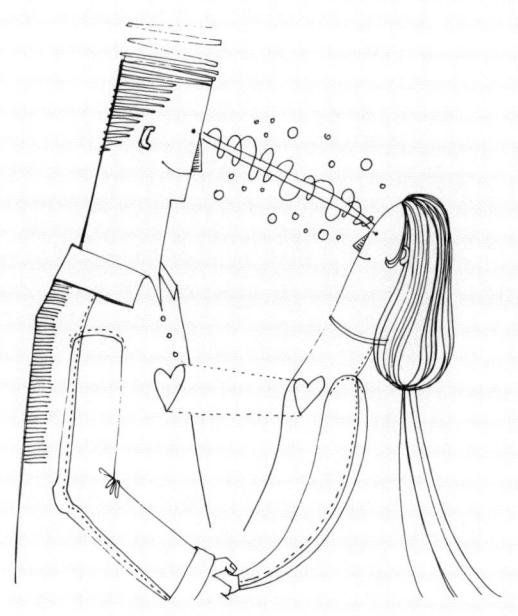

## 축복의 정의를 새롭게 하라

**주의 궁정에서의 한 날이 다른 곳에서의 천 날보다 나은즉 악인의 장막에 사는 것보다 내 하나님의 성전 문지기로 있는 것이 좋사오니** – 시 84:10

엘리가 제사장으로 있을 때 이스라엘은 블레셋과의 전쟁 중 언약궤를 빼앗기게 된다. 그렇게 블레셋이 탈취한 언약궤는 그들이 섬기는 다곤 신상 옆에 보관되었다. 그런데 언약궤가 블레셋에 들어온 날부터 이상한 일들이 생기기 시작했다. 그들의 신이었던 다곤이 언약궤 앞에서 쓰러졌고 독종이 블레셋 온 나라에 퍼져 백성들이 고통을 받았던 것이다(삼상 5:1-6). 결국 그들은 이스라엘의 언약궤를 자신들에게 해가 된다고 여겨 다시 이스라엘로 돌려보냈다.

그렇다면 블레셋 사람들에게 언약궤는 진정 저주였던 것일까? 만약 그들에게 지혜가 있었더라면 그들은 자신들이 겪은 고난을 통해서 이스라엘의 하나님만이 참 신이라는 것을 깨달았을 것이다. 하지만 그들은 어리석게도 자신들이 당한 물질적 피해만을 저주라고 판단했다. 다시 말해 그들은 자신들이 섬기던 신을 부정하고 하나님을 믿을 수 있는 기회를 상실하게 된 것이다.

*"네가 우리를 젖과 꿀이 흐르는 땅에서 이끌어 내어 광야에서 죽이려 함이 어찌 작은 일이기에 오히려 스스로 우리 위에 왕이 되려 하느냐"*(민 16:13).

세상 사람들은 모두 고난을 저주라 말한다. 하지만 하나님을 믿는 우리에게 고난은 하나님의 은혜를 깨달을 수 있는 기회가 된다.

모세를 원망했던 이스라엘 백성들이 말하는 젖과 꿀이 흐르는 땅은 어디인가? 자신들이 종살이했던 애굽이었다. 미성숙한 그들에게는 자신들의 생계를 보장하는 애굽에서의 종살이가 축복이라 여겨졌던 것이다.

진정한 신앙생활은 성도가 축복을 바르게 정의를 할 때 비로소 시작된다고 할 수 있다. 언젠가 나는 내 뜻대로 되지 않는 내 인생을 묵상하며 하나님을 원망한 적이 있었다. 그때 하나님께서는 내 마음 가운데 이런 음성을 주셨다.

"죄 많은 네 뜻대로 되지 않는 것이 얼마나 큰 축복인지 너는 아직 잘 모르는구나."

## 냉장고와 최신형 휴대폰

**믿음이 없이는 하나님을 기쁘시게 하지 못하나니 하나님께 나아가는 자는 반드시 그가 계신 것과 또한 그가 자기를 찾는 자들에게 상 주시는 이심을 믿어야 할지니라** – 히 11:6

언젠가 대형 마트에서 쇼핑을 하던 중 눈에 띄는 광고 문구를 보게 되었다. "냉장고를 구매하시면 최신형 휴대폰을 무료로 드립니다." 무엇에 이끌렸을까? 나도 모르게 그 제품이 판매되고 있는 행사장으로 향하였다. 내가 도착했을 때는 이미 많은 사람들이 DMB시청이 가능한 휴대폰을 구경하며 신기해하고 있었다. 그런데 곰곰이 생각을 해보니 그런 상황이 참 재미있었다. 나를 포함한 많은 사람들은 냉장고가 아닌 오직 휴대폰에만 관심을 갖고 있었던 것이다.

그 순간 마음속에 하나님의 음성이 들렸다. "주언아, 많은 사람들이 축복을 갈구하지만 축복은 오직 믿음을 소유할 때 주어지는 서비스에 불과한 것이다." 그제야 냉장고가 눈에 들어왔다. 하나님을 향한 믿음보다 축복받는 것에 혈안이 되어있었던 내 모습이 부끄러웠다.


## 과연 누가 정상일까?

**그러나 하나님께서 세상의 미련한 것들을 택하사 지혜 있는 자들을 부끄럽게 하려 하시고 세상의 약한 것들을 택하사 강한 것들을 부끄럽게 하려 하시며** – 고전 1:27

내가 시무하는 교회에서는 매주 양평에 소재한 한 장애인 복지시설을 방문하여 그곳 원생들에게 예배를 통해 복음을 전한다. 그곳의 장애인들은 그런 예배 시간을 항상 기대하며 우리를 맞이

한다. 그런데 때로는 부족해 보이는 그들이 우리에게 참된 복음이 무엇인지를 깨닫게 한다.

언젠가 소아마비로 누워 있는 한 형제가 나에게 힘겨운 목소리로 물을 달라고 말했다. 그래서 나는 급히 물을 가져와 그에게 먹이려고 했다. 그랬더니 지적장애를 앓고 있는 한 장애인이 내 손에 있는 물 컵을 빼앗으며 외쳐댄다. "빨대! 빨대!" 이 녀석이 왜 갑자기 빨대를 찾는 것일까? 나는 다시 그의 손에 있는 물 컵을 빼앗아 누워 있는 형제에게 먹이려고 했다. 그런데 이상하게도 그 형제는 물을 먹지 못했다. 그때 지적장애를 앓고 있는 형제가 어디선가 빨대를 찾아와 누워 있는 원생에게 물을 먹이기 시작했다. 누워 있는 형제는 그렇게 빨대를 통해 한참 동안 물을 마셨다. 그는 빨대가 없으면 물을 먹을 수가 없었던 것이다.

또 한 번은 그곳에서 연세가 가장 많은 어르신이 나를 부르며 자랑하듯 무언가를 보여 주셨다. 그것은 자신이 필사로 기록한 66권의 성경이었다. 그는 자신이 기록한 성경이, 기독교방송에서 주최한 '한국교회 성경 필사본 전시회'에서 우수작으로 선택되어 수상했음을 자랑하셨다. 그리고 그 어르신은 내게 이렇게 감사의 말씀을 전하셨다. "목사님께서 매주 오셔서 예배로 인도해 주시고 또 기도도 해주셔서 제가 이 일을 감당할 수 있었습니다." 그런데 그런 말을 듣는 내 얼굴이 너무나도 화끈거렸다.

세상은 그들이 비정상이라고 말한다. 하지만 내 안에 계신 성령님의 눈에 비친 그들은 누구보다 정상이었다. 그들은 말이 아닌 진심으로 형제를 사랑할 줄 알았고 예배를 향한 갈망과 말씀을 향한 관심을 통해 하나님을 바로 섬기는 성도들이었다.

## 복된 인생이란?

**웃시야가 손으로 향로를 잡고 분향하려 하다가 화를 내니 그가 제사장에게 화를 낼 때에 여호와의 전 안 향단 곁 제사장들 앞에서 그의 이마에 나병이 생긴지라** – 대하 26:19

남 유다의 10대 왕 웃시야는 16세의 어린 나이에 한 나라의 왕이 되었다(대하 26:3). 그는 나라를 잘 이끌었다. 재위하는 동안 영토 확장과 국방 재정비, 농업을 진흥하는 명석한 지혜를 발휘하여 솔로몬 이후 막대한 부를 창출하였다(8-10절). 그래서인지 그는 이른 나이에 큰 명성을 지니게 되었다(8절).

성경을 통해 웃시야의 행적을 확인해 보면, 많은 축복을 받은 그가 부럽지 않을 수 없다. 하지만 이렇게 완벽해 보이는 그에게도 딱 한 가지의 치명적 단점이 존재했다.

"또 예루살렘에서 재주 있는 사람들에게 무기를 고안하게 하여 망대와 성곽 위에 두어 화살과 큰 돌을 쏘고 던지게 하였으니 그의 이름이 멀리 퍼짐은 기이한 도우심을 얻어 강성하여짐이었더라"(15절).

성경은 그러한 웃시야의 형통이 그의 능력이 아닌 오직 하나님의 기적으로 이루어진 것이라 말한다. 하지만 문제는 그러한 명백한 사실을 당사자인 웃시야가 알지 못했다는 것이다.

웃시야는 결국 자만하게 된다. 결국 그는 교만하여 제사장을 우롱하다가 저주를 받아 나병에 걸리게 되었고 그렇게 14년간을 외롭게 격리되어 살다가 사망하게 된 것이다.

우리 교회 공동체에는 여덟 살 자폐아가 있다. 그의 부모가 불의의 사로로 숨져 갑작스럽게 우리에게 맡겨진 아이다. 나는 그 애를 볼 때마다 마음이 아팠다. 만약 부모를 잃지 않았다면 맛있는 음식을 먹고 좋은 옷을 입으며 사랑을 받았을 텐데, 넉넉하지 못한 이곳에 와서 늘 부족하게 지내는 그 모습이 안쓰러웠던 것이다. 하지만 그것은 나의 감정일 뿐, 하나님께서는 그 어느 누구보다 그 애를 소중하게 여기신다. 그 애는 오늘도 이 낮은 곳에서 하나님께 예배하고 있기 때문이다.

성경에 기록된 웃시야와 우리 교회공동체에서 머물고 있는 자폐아는 정반대의 인생을 사는 것처럼 보인다. 웃시야는 부족함이 없는 삶을 살았지만 우리에게 맡겨진 아이는 부족한 형편에서 생활하고 있기 때문이다. 하지만 나는 부족함이 없어 자만에 빠진 웃시야의 삶보다는 조금 불편하지만 날마다 하나님을 예배할 수 있는 자폐아의 삶이 더 복된 삶이라 믿는다.

## 고난의 유익

**고난 당하기 전에는 내가 그릇 행하였더니 이제는 주의 말씀을 지키나이다**
– 시 119:67

덴마크의 동화작가 안데르센(Andersen)은 환상적인 이야기로 아동문학의 최고로 꼽히는 수많은 걸작을 남겼다. 〈백설공주〉, 〈인어공주〉, 〈미운오리새끼〉, 〈성냥팔이 소녀〉, 〈벌거벗은 임금님〉 등이 그의 작품이다. 하지만 그는 불우한 성장기를 보냈다. 가난한 가정에서 태어나 열한 살 때 아버지를 여의고, 학교도 중퇴하였다.

훗날 최고의 동화작가로 명성을 얻은 그는 지난날을 회고하며 이러한 고백을 남겼다. "내가 남보다 잘났더라면 그리고 가정 형편이 넉넉했더라면 아마도 이러한 아름다운 동화들은 만들지 못했을 것입니다. 나에게 축복은 남들이 가지고 있는 행복이 내게는 없었다는 것이었지요. 그래서 난 행복을 꿈꿀 수 있었고 그것을 글로 표현할 수 있었습니다."

다윗은 이스라엘 최고의 왕이었다. 하지만 그런 다윗이 왕위에 오르기까지 그의 삶은 결코 평탄하지 않았다. 사무엘이 이스라엘의 새로운 왕을 세우기 위해 이새의 집을 방문했을 때 다윗은 그 자리에 없었다. 당시 다윗은 누구보다 사랑을 받아야 할 막내였지만 그의 아버지 이새는 다윗에게 큰 가치를 두지 않았던 것이었다. 그래서인지 다윗은 어려서부터 양떼를 치며 많은 고생을 했었다. 하지만 하나님께서는 그러한 고난의 때에 오히려 많은 은혜를 허락하였다.

*"또 다윗이 이르되 여호와께서 나를 사자의 발톱과 곰의 발톱에서 건져내셨은즉"*(삼상 17:37). 작고 미약했던 어린 소년은 양을 치며 하나님의 실존을 경험하였고 그로인해 믿음의 성장을 이루었던 것이다.

다윗의 고난은 왕으로 기름부음을 받은 후에도 계속됐다. 자신을 살해하려했던 사울을 피하여 도망자 신세가 되었던 것이다. 사람의 논리대로라면 왕으로서 기름부음까지 받은 다윗이 곧바로 왕위에 오르는 것을 상상하겠지만 하나님께서는 그에게 또 다른 고난을 허락하셔서 그의 신앙을 다듬어 나가셨던 것이다.

유기된 세상 사람들은 고난을 피하기 위하여 수단과 방법을 가리지 않는다. 하지만 기독교의 복음은 고난 가운데 있는 사람에게 들려진다. 산전수전을 다 겪으면서도 혼신의 힘을 다하여 문학에 열정을 다했던 안데르센의 동화가 뭇사람의 마음을 감동시키듯 고난으로 연단된 다윗의 삶은 하나님의 은혜를 바라는 우리에게 큰 은혜로 전달되는 것이다.

## 칼국수를 즐겨먹는 이유

**나는 인애를 원하고 제사를 원하지 아니하며 번제보다 하나님을 아는 것을 원하노라** – 호 6:6

  나는 아내를 신학교 캠퍼스 커플로 만났다. 나는 한눈에 반해 그녀에게 빠져들었다. 그래서 나는 아내에 대해서 많은 관심을 가졌다. 그녀의 모든 것을 알고 싶었다. 사는 곳이 어디인지, 좋아하는 음식이 무엇인지, 취미로 무엇을 하는지, 친한 친구가 누구인지 등을 알고자 했다. 이런 노력 가운데 아내와 단 둘이 만날 수 있는 기회를 얻게 되었다.
  나는 아직도 그때의 첫 만남을 잊지 못한다. 그때 아내는 나에게 어떤 음식을 좋아하느냐고 물었다. 당시 자취를 하던 때라서 라면과 같은 밀가루 음식에 질려있었지만, 나는 아내가 좋아하는 음식을 알았기에 칼국수라고 대답하였다. 그랬더니 아내는 자신과 같은 음식을 좋아한다는 말에 나에게 더욱 호감을 갖기 시작했다. 하지만 나는 아내의 관심을 끌기 위해 내 입맛 따위는 신경 쓰지 않았다. 우리는 그렇게 칼국수 집에 가서 식사를 하면서 관계가 성사되었다. (그 덕분에 칼국수는 가끔 아내와 즐기는 음식이 되었다.)

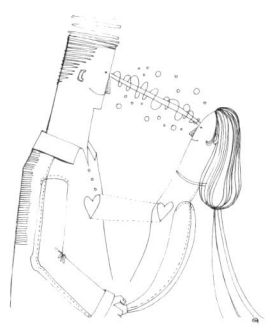

우리나라에서 하루 약 877쌍이 결혼하고, 약 370쌍의 부부가 이혼을 한다고 한다. 분명 그들은 서로에게 호감을 가졌을 것이고 사랑을 확신하여 결혼하였을 것이다. 그런데 왜 이혼하는 부부가 생기는 것일까? 물론 여러 이유들이 존재하겠지만 내가 생각하기에 이혼을 결심한 부부들의 문제는 결혼 전에 그들이 서로를 충분히 알지 못했기 때문이라 생각된다.

*"영생은 곧 유일하신 참 하나님과 그가 보내신 자 예수 그리스도를 아는 것이니이다"*(요 17:3).

사랑은 상대를 학습하는 것에서 시작된다. 나는 이것이 하나님을 향한 성도의 신앙에도 동일하게 적용된다고 믿는다. 하나님을 사랑하는 성도라면 성경을 통하여 하나님께서 무엇을 기뻐하시느지, 무엇을 싫어하시는지를 숙지해야만 하는 것이다.

## 부하게도 마옵시고

**나를 가난하게도 마옵시고 부하게도 마옵시고 오직 필요한 양식으로 나를 먹이시옵소서** – 잠 30:8

누가복음 15장의 탕자이야기는 인생의 가치와 생활태도가 얼마나 중요한지를 잘 묘사하고 있다. 둘째 아들이 자신의 전 분깃을 가지고 아버지 품을 떠나 허랑방탕한 모습을 적나라하게 들려준다.

탕자의 가치관은 물질에 있었다. 그는 자신이 지닌 부와 명예가 곧 능력이라 믿었던 것이다. 그래서 더 많은 물질을 소유하기 위해 독립을 결심하게 되었다. 하지만 그는 얼마 지나지 않아 자신이 가진 모든 물질을 탕진하고 만다.

*"내가 일어나 아버지께 가서 이르기를 아버지 내가 하늘과 아버지께 죄를 지었사오니"*(18절). 탕자는 그렇게 무일푼 신세로 전락하여 아버지를 생각하고 귀가를 소망한다. 여기서 우리는 탕자 아버지의 가치관을 깨달아야한다.

아버지의 가치는 사람의 능력이나 물질 따위가 아니었다. 오직 자신의 아들이 평생 자신의 품안에 머물며 함께 늘 동행하는 것이었다. 탕자는 아버지의 평소 가치관을 잘 알고 있었다. 그러니

상거지가 되었어도, 아버지를 떠올리고 돌아갈 생각을 하였을 것이다. (만약 아버지가 아들의 출세만을 바라는 분이었다면 탕자는 고향으로의 복귀를 꿈도 꾸지 못했을 것이다.) 곧 탕자의 회심은 자신의 그릇된 가치관을 내려놓고 아버지의 가치관을 인정하는 것이라 할 수 있다.

*"나를 가난하게도 마옵시고 부하게도 마옵시고 오직 필요한 양식으로 나를 먹이시옵소서"*(잠 30:8). 왜 지혜자는 많은 사람들이 그토록 열망하는 '부'를 마다하는 것일까? 그는 지나치게 많은 물질을 소유하는 것을 신앙의 해가 됨으로 믿었던 것이다.

어리석은 사람은 자신이 많은 물질을 소유하게 되면 하나님을 더 잘 섬길 수 있다고 착각한다. 하지만 성경은 탕자와 아굴의 잠언을 통하여 사람이 지나친 부를 축적하게 되면 그것이 그의 의와 능력이 되어 하나님을 잊어버리게 될 것이라고 말한다.

지혜자의 삶은 자족하며 일용한 양식을 주신 하나님을 예배하는 것이다.

## 성도의 순종과 하나님의 영광

**이 예언의 말씀을 읽는 자와 듣는 자와 그 가운데에 기록한 것을 지키는 자는 복이 있나니 때가 가까움이라** – 계 1:3

'세계에서 개신교 교회가 가장 많은 나라, 선교를 가장 많이 하는 나라' 이것은 자랑스럽게도 우리나라 대한민국이다. 아시아 교회를 다 합쳐도 한국교회 숫자에 미치지 못할 정도인 만큼 한국교회는 인적 자원도 가장 많을 것이다. 그러나 역설적으로 우리나라는 경제개발 협력기구(OECD) 가입국 중 자살률 1위의 나라이고, 이혼율도 1위의 나라이다. 그뿐인가? 노인 빈곤률 1위에 흡연율도 최고를 기록했다. 복음을 지닌 교회가 많아지면 많아질수록 세상은 밝아져야 하고 사람들은 행복해야 하건만 결과는 그와 정반대로 나타나고 있다.

이러한 결과는 오늘날의 교회와 목회자들이 제대로 그 역할을 하지 못하고 있는데서 기인할 수 있다. 어느 사회학자는 한 국가의 특정종교인구가 10%가 넘으면 그 사회를 책임질 수 있어야 한다고 했다. 교회가 세상을 구원하는 방주로, 목회자들이, 또 그리스도인들이 빛과 소금의 역할을 하지 못하고 있기 때문에 한국사회의 현실이 어둡고 참담하다.

우리는 성경인물의 삶을 통해 믿음의 실천, 즉 순종을 통해 공동체를 살렸던 하나님의 역사하심을 깨닫게 된다. 믿음의 선조들은 이미 천국 백성이 되었지만 그들의 신앙만큼은 지금도 살아서 우리에게 본이 되고 있다. 이러한 선조들의 선한 영향력은 우리로 하여금 하나님께 나아갈 힘과 의지를 제공한다. 우리는 선조들이 누렸던 축복과 은혜에 도전받아 하나님을 예배할 수 있게 되는 것이다.

 이삭을 바친 아브라함, 고멜과 결혼한 호세아, 여리고를 돌았던 여호수아, 방주를 건축한 노아, 이들은 모두 하나님의 음성을 듣고 '순종'했던 자들이었다. 하지만 우리는 그런 그들의 순종을 결코 가볍게 여겨서는 안 될 것이다. 우리가 입장을 바꾸어 그들의 삶을 묵상하게 되면 하나님을 향한 그들의 믿음이 얼마나 견고했는지 깨달을 수 있기 때문이다.
 아브라함에게 이삭을 축복으로 주신 것은 하나님이셨다. 그런데 어느 날 하나님께서는 아브라함에게 이삭을 번제로 드릴 것을 명령하신다. 견고한 여리고 성과 싸워 승리하려면 무기를 만들어 전쟁을 철저히 대비하는 것이 옳은 일이다. 하지만 하나님께서는 그러한 급박한 상황에서 이스라엘에게 할례를 행할 것과 여리고 성 주위를 돌 것을 명령하셨다. 또한 하나님께서는 호세아에게 음란한 창녀와 결혼하라고 명령하셨고 노아에게는 맑은 하늘 아래에서 방주를 제작하라고 명령하셨다. 사실 이런 하나님의 명령은 사람이 가진 논리로는 도무지 이해되지 않는 것들이다. 하지만 놀랍게도 믿음의 선조들은 그러한 명령에 잠잠히 순종하였다. 여기서 우리는 선조들이 가진 영향력의 실체를 깨달아야 한다.

그들은 모두 하나님의 말씀에 순종함으로 놀라운 은혜를 체험하여 지금도 많은 성도들에게 하나님의 살아계심을 증언하고 있는 것이다.

　우리는 우리가 원하면 언제든지 텔레비전이나 인터넷을 통해 주옥같은 설교를 들을 수 있다. 그만큼 우리는 신앙생활하기에 편리한 시대를 살고 있다. 하지만 문제는 그런 귀한 말씀을 듣는 우리에게 성화가 더디게 나타난다는 것이다. 그 이유는 순종의 의지가 결여되어있기 때문이다. 성도가 은혜의 말씀을 들었다면 그 말씀에 순종하는 삶을 살아야하건만 대부분의 성도들은 들은 말씀이 아닌 자신의 이성을 고집하며 살아가는 것이다.

　많은 교회의 강단에서 축복의 메시지가 선포되지만 그 말씀을 듣기만 한다고 축복이 임하는 것은 아니다. 우리는 성경의 말씀을 통해 하나님께서 예비하신 축복이 말씀을 듣는 것을 넘어 그 말씀을 지키는 자에게 임함을 깨달아야 한다.

　우리가 만약 하나님의 말씀에 순종하여 많은 축복을 받아 누리게 된다면 우리가 믿음의 선조들을 통해 하나님의 은혜를 깨닫는 것처럼 세상의 많은 사람들은 우리를 통해 하나님의 영광을 경험하게 될 것이 분명하다. 교회와 목회자의 권위가 실추된 이때에 하나님의 영광을 회복하기 위해 우리는 순종에 힘써야 할 것이다.

## 축복을 유통하라

**형제들을 불러 떡을 먹이니 그들이 떡을 먹고 산에서 밤을 지내고**
- 창 31:54

우상숭배의 목적은 오로지 복이다. 그래서 하나님을 믿지 않는 불신자들은 복을 받기 위해서 우상에게 돈도 바치고 제사도 드린다. 하지만 안타까운 사실은 이러한 불신자들의 우상숭배가 교회 안에서도 자행되고 있다는 것이다. 우리는 실제로 교회 안에서 자신의 사업이 번창하기를 바라며 많은 물질을 헌금하고 자녀의 장래를 위해 금식기도를 하는 사람들을 쉽게 만나 볼 수 있다. 물론 성도가 그렇게 하나님께 축복을 구하는 것을 모두 그릇된 행위라고는 할 수 없겠지만 축복을 구하는 성도들의 취지가 오직 자신만을 위한 것이라면 아쉽지만 그들의 신앙은 우상숭배일 뿐이다.

우리 믿음의 선조들은 대부분 부한 삶을 살았다. 이 말은 그들의 삶에 역경이 없었다는 의미가 아니다. 하지만 그들은 자신의 소유를 하나님의 영광을 목적으로 사용하여 가족은 물론 이웃과 국가를 살리는 계기로 삼았다.

아브라함은 자신의 집에서 기른 종 318명으로 조카 롯을 구출하였다. 또한 요셉은 애굽의 총리가 되어 흉년으로 고난당하던 이스라엘을 구하였고, 마가는 자신의 큰 자택을 성도들에게 헌신하여 그들이 예배할 수 있도록 도왔다.

위의 말씀에 등장하는 야곱도 마찬가지다. 라반의 집에서 부를 축적하였던 그는 자신이 받은 축복을 독식하지 않았다. 그것을 자신의 형제에게 유통하며 함께 예배했던 것이다.

성도가 세상에서 부귀영화를 누리는 것은 하나님의 입장에서도 반가운 일일 것이다. 하지만 그 성도가 이웃사랑을 목적으로 자신이 소유한 축복을 유통하지 않는다면 그가 가진 축복은 우상숭배의 산물일 뿐이다.

*"삭개오가 서서 주께 여짜오되 주여 보시옵소서 내 소유의 절반을 가난한 자들에게 주겠사오며"*(눅 19:8).

명심하자. 예수님을 만난 자들은 모두 자신의 소유를 하나님의 영광의 도구로 사용했다는 것이다.

## 강점으로 일하라!

**그가 어떤 사람은 사도로, 어떤 사람은 선지자로, 어떤 사람은 복음 전하는 자로, 어떤 사람은 목사와 교사로 삼으셨으니 이는 성도를 온전하게 하여 봉사의 일을 하게 하며 그리스도의 몸을 세우려 하심이라** – 엡 4:11-12

초등학생인 우리 딸은 그림책 보는 것을 매우 좋아한다. 그리고 무엇보다 미술에 흥미를 갖는다. 그래서 시간만 나면 물감으로 그림을 그리고 지점토로 여러 가지 모형을 만들어 자기 방 안에 진열해 놓는다. 이런 딸의 특징은 대형마트로 장을 보러 갈 때에도 고스란히 드러난다. 딸은 마트에 도착하자마자 항상 색연필과 스케치북 그리고 칼라 점토가 있는 매대로 버릇처럼 달려간다. 새로 나온 색칠 도구들을 구경하고 마음에 드는 미술 재료가 있으면 그것을 사달라고 조른다.

이처럼 내 눈에 비춰진 딸은 그림 그리는 것을 가장 행복해하는 아이다. 나는 딸이 성인이 되어서도 자신이 행복할 수 있는 일을 직업으로 삼았으면 한다. 그것이 어떤 일이든지 그 일을 통해 하나님께 영광 돌리며 스스로 만족하길 바라는 것이다.

나는 어려서부터 나 자신이 목회자가 될 것을 알고 있었다. 왜냐하면 교회안의 생활이 내게는 가장 큰 기쁨이었기 때문이다. 어렸을 적 내게 교회는 자랑거리였다. 나는 내가 섬기는 교회가 이 세상에서 가장 큰 교회인 줄 알았고 내가 섬기는 목사님이 가장 훌륭한 목사님이라 믿었다. 주일마다 교회를 가면 선생님들이 나를 반겨 주셨고 나를 사랑해주시는 전도사님이 계셔서 행복했다. 방학이 되면 성경학교를 손꼽아 기다렸고 친구들을 많이 전도해서 상 받는 것을 자랑스러워했다. 중학교 재학 시절에는 먼 길을 통학했는데 그 시절 내게는 버스 뒷좌석에 앉아 목사님을 흉내 내며 설교도 하고 축도하는 것이 큰 재미였다. 그렇게 나는 성장하여 목회자가 되었다. 나는 지금도 목회가 내게 가장 복되고 행복한 길임을 확신한다.

나는 토끼와 거북이라는 동화에 나오는 거북이의 모습에 답답함을 느낀다. 단지 거북이의 걸음이 느려서 그런 것만은 아니다. 거북이를 답답해하는 이유는 거북이가 자신의 강점을 너무 모르고 있기 때문이다. 동화에서 거북이의 강점이 성실이라 이야기하지만 사실 진짜 거북이의 강점은 수영이다. 만약 내가 동화 속 거북이었다면 토끼에 이렇게 말했을 것이다. "토끼야, 바다에서 한판 붙자!"

행복한 인생의 시작은 자신의 강점을 발견하여 집중하는 것이 아닐까 생각해본다. 그것이 하나님의 영광을 가리는 일이 아니라면 말이다.

## 말씀에 순종합시다

**백부장이 선장과 선주의 말을 바울의 말보다 더 믿더라** – 행 27:11

　내가 전도사로 사역했던 교회에는 좋은 배우자를 만나 결혼하기 위해 간절히 기도하는 자매가 있었다. 어느 날 그녀는 나에게 면담을 요청했다. 요지는 지금 결혼을 전제로 교제하고 있는 상대가 있지만 그가 하나님을 믿지 않는 불신자라 늘 신앙적인 부분에서 마찰이 있다는 것이었다. 그래서 나는 하나님께서는 선택된 자녀들이 불신자와 교제하는 것을 결코 기뻐하실 리가 없다고 따끔하게 조언해주었다. 하지만 그때부터 자매의 얼굴은 굳어지기 시작했다. 그리고는 자신이 불신자인 그 사람과 결혼해서 하나님의 복음을 전하면 되지 않느냐며 나에게 따지듯 물었다. 그래서 나는 하나님의 예정은 사람의 의지에 의해 결정되는 것이 아니라고 타일렀다. 하지만 안타깝게도 상담 이후 나와 자매의 관계는 불편해졌고 결국 그녀는 그 불신자 남성과 결혼을 하면서 교회를 옮기게 되었다.

　나는 그러한 경험을 통해 대부분의 성도들이 가진 잘못된 방식을 파악할 수 있었다. 그것은 성도들은 이미 자신들만의 해답을 갖고 있고 그러한 자신의 생각을 목회자에게 확증 받고 싶어 한다는 것이었다. 하지만 하나님의 방식은 인간의 편의를 위한 것이 아니다. 나에게는 적어도 이런 이기적인 방식은 결코 용인될 수 없다.

사도행전 27장에는 이달리야로 향했던 바울과 그의 무리들의 험난한 항해가 기록되어있다. 바울은 그러한 상황에서 백부장 율리오에게 항해를 멈추고 미항에 체류하며 겨울나기를 제의했다. 하지만 율리오는 사도 바울의 권면이 아닌 선장과 선주의 말을 믿고 무리한 항해를 이어간다. 결국 율리오의 잘못된 선택 하나로 그들 모두는 '유라굴로'라는 광풍을 만나 가진 소유와 배의 기구를 잃게 된다.

그렇다면 율리오의 선택에는 어떠한 실수가 있었던 것일까? 율리오의 실수는 사도 바울의 말보다 자신의 경험과 세상의 지식을 의지한 선장과 많은 물질을 소유한 선주의 말을 더 믿었던 것이다.

한참이 지나 불신자와 결혼했던 그 자매의 소식을 들을 수 있었다. 그녀가 남편과 이혼하여 홀로 아기를 양육하며 어렵게 생활하고 있다는 것이었다.

성도들은 종종 목회자를 오해한다. 하나님의 말씀으로 권면하는 목회자를 마치 그들이 잘되는 것을 배 아파하는 이기적인 사람으로 판단하는 것이다.

"여러 사람이 오래 먹지 못하였으매 바울이 가운데 서서 말하되 여러분이여 내 말을 듣고 그레데에서 떠나지 아니하여 이 타격과 손상을 면하였더라면 좋을 뻔하였느니라"(21절).

## 첫째 부활의 특권

내가 보니 예수를 증언함과 하나님의 말씀 때문에 목 베임을 당한 자들의 영혼들과 또 짐승과 그의 우상에게 경배하지 아니하고 그들의 이마와 손에 그의 표를 받지 아니한 자들이 살아서 그리스도와 더불어 천 년 동안 왕 노릇 하니(그 나머지 죽은 자들은 그 천 년이 차기까지 살지 못하더라)이는 첫째 부활이라 – 계 20:4-5

성경은 말세에는 예수님과 성경의 계시를 믿고자 하는 자들에게 분명 박해가 있겠고, 그러한 핍박 속에서도 세상과 타협하지 않고 끝까지 복음을 수호한 자들에게는 첫째 부활이 임할 것을 말씀하고 있다. 그렇다면 과연 성도들은 어떠한 사유로 세상에서 핍박을 받게 될까?

이 시대 사탄은 제 멋대로 '평화'를 정의하여 종교의 화합을 조장하고 있다. 그래서 포스트모더니즘에 현혹된 사람들은 석탄 축하 메시지를 목사가 발표하고, 성탄절에 스님이 교회에서 강론을 하는 것을 종교화합이라고 하여 떠들어댄다. 하지만 우리는 분명히 해야 한다. 그러한 행사들이 사람 간에는 화해를 도모하는 일인지는 몰라도 하나님과는 원수가 되는 일이라는 것을 말이다.

그들의 기준으로 판단한다면 아마도 기독교가 가장 이기적이고 독단적인 종교일 것이다. 왜냐하면 기독교는 '오직 예수 그리스도' 한 분만을 유일한 인간의 구원자라 단정 짓기 때문이다

(요 14:6). 어쩌면 머지않은 미래에 그러한 믿음을 소유한 기독교는 사람과 종교 간의 '평화'를 훼방하는 위험한 집단으로 분류될는지도 모른다. 하지만 우리는 세상의 불의 앞에 하나님의 영광을 위해 순교했던 사도들처럼 어떠한 핍박에도 우리 예수 그리스도의 이름을 훼방하는 그 어떤 세력, 종교와도 타협해서는 안 된다. 복음에는 하나님의 의만 있을 뿐이다(롬 1:17).

"다른 이로써는 구원을 받을 수 없나니 천하 사람 중에 구원을 받을 만한 다른 이름을 우리에게 주신 일이 없음이라 하였더라"(행 4:12).

성경에 명시된 첫째 부활의 특권은 안락을 추구하는 신앙이 아닌 오직 세상과의 타협을 거부하여 오직 예수 그리스도의 복음만을 따르는 자들에게 주어지는 것이다.

"이 첫째 부활에 참여하는 자들은 복이 있고 거룩하도다 둘째 사망이 그들을 다스리는 권세가 없고 도리어 그들이 하나님과 그리스도의 제사장이 되어 천 년 동안 그리스도와 더불어 왕 노릇 하리라"(계 20:6).

## 의지하자

**그러므로 누구든지 이 어린 아이와 같이 자기를 낮추는 사람이 천국에서 큰 자니라** – 마 18:4

 딸이 세 살이었을 즈음의 일이다. 엄마와 마트에서 장을 보고 돌아온 딸이 내가 있는 방으로 달려 들어왔다. 그리고는 아무 말도 없이 요구르트 하나를 건네주었다. 아빠를 생각하는 그 모습이 참 대견하고 사랑스러웠다. 그런데 잠시 후 녀석이 내 손에서 요구르트를 다시 빼앗아갔다.

 그런데 시간이 조금 지나자 딸아이는 또다시 내게 요구르트를 가지고 와서 건넸다. 그런 반응이 귀찮아서였을까? 나는 그 요구르트를 받으며 "아빠가 나중에 먹을게요. 감사합니다"라고 말해주었다. 그런데 이 녀석이 투덜거리며 짜증을 부리기 시작했다. 그리고는 나에게 딱 한마디의 말을 했다. "까!"
 나는 배를 잡고 한참을 웃었다. 딸이 아빠 드시라고 요구르트를 준 것이 아니었다. 자기가 요구르트의 뚜껑을 따지 못하니 그것을 벗겨달라는 요구였다. 내가 뚜껑을 제거하자 딸은 내 손에 있는 요구르트를 빼앗아 도망치듯이 밖으로 나가버렸다.

 어린 아이들은 우리가 생각하는 것보다 훨씬 더 지혜로운 것 같다. 왜냐하면 어린 아이들은 자신의 연약함을 인정하여 부모를 의지하기 때문이다. 성숙한 성도도 이와 같다. 그들은 자신의 소견대로 행하는 자가 아니다. 그들은 회개로 자기부정을 이뤄 연약함을 깨닫고 기도로 주를 의지하는 자들이다.

"*이스라엘아 여호와를 의지하라 그는 너희의 도움이시요 너희의 방패시로다*"(시 115:9).

## 나를 십자가에 못 박고

또 내가 들으니 하늘에서 음성이 나서 이르되 기록하라 지금 이후로 주 안에서 죽는 자들은 복이 있도다 하시매 성령이 이르시되 그러하다 그들이 수고를 그치고 쉬리니 이는 그들의 행한 일이 따름이라 하시더라 – 계 14:13

목회자가 되어 처음으로 전 교인 앞에서 설교했던 때를 기억한다. 높은 강단에 오르자 모든 성도들의 얼굴이 한눈에 들어왔다. 그런데 성도들의 표정이 긴장한 듯 굳어보였다. 평소 항상 회개를 촉구하는 따가운 말씀만을 전했기 때문이다.

어느 날 설교를 마친 나에게 한 성도가 찾아왔다. 그분은 내 설교가 너무 딱딱하고 강하다고 하면서 부드럽고 유머 있게 했으면 좋겠다고 강하게 요구하였다. 일리 있는 말이었지만 내 설교에는 나의 원칙과 방향이 있다.

성경은 '주 안에서 죽는 자'들에게 복이 있다고 증거 한다. 하지만 그것은 육체적인 순교만을 의미하는 것이 아니다.

"그리스도 예수의 사람들은 육체와 함께 그 정욕과 탐심을 십자가에 못 박았느니라"(갈 5:24). "형제들아 내가 그리스도 예수 우리 주 안에서 가진 바 너희에 대한 나의 자랑을 두고 단언하노니 나는 날마다 죽노라"(고전 15:31).

'주안에서 죽는 것'은 우리 안에 내제된 원죄의 작용을 날마다 십자가에 못 박는 것을 의미한다.

참된 성도라면 원죄가 만들어내는 세상의 논리를 끌어들여서는 안 된다. 자신의 경험과 지식으로 말씀을 골라 들으면 안 된다. 그래야 영과 진리로 예배할 수 있으며, 강단에서 선포되는 목회자의 설교를 하나님의 말씀으로 겸허히 받아들일 수가 있다.

하나님을 믿기 위해서는 나를 부정해야 한다. 하나님의 말씀을 믿기 위해서는 우리의 이성을 불신해야 한다.

"이에 예수께서 제자들에게 이르시되 누구든지 나를 따라오려거든 자기를 부인하고 자기 십자가를 지고 나를 따를 것이니라"(마 16:24).

## 복음 외에 것을 기대하는 성도들

죽어갈 때에 곁에 서 있던 여인들이 그에게 이르되 두려워하지 말라 네가 아들을 낳았다 하되 그가 대답하지도 아니하며 관념하지도 아니하고
– 삼상4:20

이스라엘 백성들은 모세가 시내산에서 올라 내려오지 않자 아론에게 몰려가 자신들을 이끌 신을 만들어 달라고 간청했다. 그래서 그들은 가지고 있는 금을 모아 송아지 형상을 만들어 하나님을 대신하여 숭배한다. 제단을 쌓고 번제와 화목제를 드리고 마시며 뛰놀았다. 모세가 하나님의 명령을 듣고 산을 내려왔지만 백성들의 반응은 싸늘하기만 했다. 그들은 모세가 '금덩이'를 가지고 내려올 것을 기대했지만 모세가 가져온 것은 '금덩이'가 아닌 하나님의 말씀이 새겨진 '돌덩이'였기 때문이었다. 그들에게 하나님의 말씀이 새겨진 돌판은 아무 쓸모없는 물건에 불과했던 것이다.

오늘날 복음을 가지고 목회하기란 말처럼 쉬운 것이 아니다. 왜냐하면 성도들의 관심이 말씀을 듣고 회개하는 것보다 교회를 통해 어떠한 혜택을 받길 원하기 때문이다. 그래서인지 오늘날 교회들도 시대에 발맞추어 변화하고 있다. 교회가 아이들에게 영어를 가르친다는 이유로 영어예배를 드리는가하면, 성도들의 문화생활을 위해 오후예배시간에 뮤지컬이나 음악회를 열기도 한다. 그리고 그러한 교회를 세상은 깨어있는 교회라고 말한다. 하지만 우리는 명심해야 한다. 교회의 그러한 사역이 성도들의 신앙성숙과 거룩한 삶을 추구하는데 조금도 도움이 되지 않는 사실이다.

"이 예수는 너희 건축자들의 버린 돌로서 집 모퉁이의 머릿돌이 되었느니라 다른 이로써는 구원을 받을 수 없나니 천하 사람 중에 구원을 받을 만한 다른 이름을 우리에게 주신 일이 없음이라 하였더라"(행 4:11-12).

모세가 시내산에서 하나님께 받았던 돌판과 성전의 모퉁이 돌은 모두 예수 그리스도와 그의 복음을 상징한다. 하지만 오늘날 그러한 복음을 기대하는 성도는 점점 사라지고 있는 실정이다. 그래서인지 위의 말씀처럼 교회를 건축하는 목회자들이 복음(돌)은 팽개친 채 사람의 이목을 끄는 프로그램에만 집중하는 것이 아닌가 생각해본다.

이스라엘이 블레셋과의 전쟁에서 패하며 언약궤를 빼앗겼을 때 엘리 제사장과 그의 아들들은 유명을 달리했다. 그리고 그러한 소식을 들은 엘리의 며느리는 충격에 휩싸여 임신한 아기를 해산하기에 이른다. 그런데 그때 그녀의 곁에 있던 산파들이 그녀를 위로한답시고 이렇게 떠들어댔다. "두려워하지 말라 네가 아들을 낳았다"(삼상 4:20). 산파들이 내뱉은 말의 저의는 이스라엘에 하나님의 언약궤와 예배를 인도할 제사장이 없어도 백성들이 축복을 받았으니 즐거워할 수 있다는 것이었다.

하지만 엘리의 며느리는 산파들의 말에 대꾸도 않고 자신이 낳은 아들을 쳐다보지도 않았다. 그리고 그녀는 이렇게 말한다. *"또 이르기를 하나님의 궤를 빼앗겼으므로 영광이 이스라엘에서 떠났다 하였더라"*(21절). 그녀의 발언이 나의 가슴을 뭉클하게 한다. 그녀는 하나님의 말씀이 이스라엘에서 떠나갔으니 자신에게 어떠한 축복이 와도 결코 즐거워할 수 없다는 것이었다.

## 여호와 샬롬

**기드온이 여호와를 위하여 거기서 제단을 쌓고 그것을 여호와 살롬이라 하였더라 그것이 오늘까지 아비에셀 사람에게 속한 오브라에 있더라**
- 삿 6:24

사사 기드온은 여호와를 위해 제단을 쌓고 그 제단을 '여호와 샬롬'이라 칭했다. 그런데 하나님께서는 그렇게 제단을 쌓은 기드온에게 임하셔서 이스라엘 백성들이 세운 우상의 제단을 헐고, 찍고, 불태우라 명령하셨다(삿 6:25-26).

사실, 언뜻 보면 이러한 하나님의 명령은 그동안 우리가 알고 있었던 평화의 모습과는 너무나 거리가 멀어 보인다. 그런 하나님의 명령이 오히려 기드온과 이스라엘 백성 사이에 불화를 야기하는 듯 보이니 말이다. 하지만 여기서 우리는 성경이 정의하는 '평화'의 참된 의미를 깨달아야 한다.

세상 사람들은 갈등이 없는 인간관계를 가리켜 평화롭다 말한다. 하지만 성경은 오직 하나님과 성도 간의 온전한 관계만을 평화라 정의하고 있다.

"내가 세상에 화평을 주러 온 줄로 생각하지 말라 화평이 아니요 *검을 주러 왔노라*"(마 10:34). 예수님께서는 세상이 말하는 화평을 주러 임하신 것이 아니다. 오히려 사사 기드온에게 명령하신 것처럼 이방 문화를 헐고, 찍고, 부술 수 있는 성령의 검, 즉 말씀(성경)을 전하기 위해 임하셨다(엡 6:17).

그러므로 성도의 신앙은 곧 전쟁이라고 할 수 있다. 성도들은 말씀을 앞장세워 세속의 문화를 대적하고, 그것을 가진 세상 사람들과 갈등해야만 성경이 정의하는 하나님과의 화평을 이룰 수 있는 것이다.

성도들이 흔히 말하는 '샬롬'이라는 인사말은 단순히 성도의 안부를 묻는 것이 아니다. '샬롬'이라는 단어 안에는 하나님과의 화평한 관계를 당부하는 신앙의 권면이 포함된 것이다(약 1:27).

## 하늘에 쌓아두라

성도에게 이 땅에서의 삶은 타향살이라 할 수 있다. 아담의 원죄로 말미암아 모든 성도들이 에덴동산에서 추방당했지만 언젠가는 돌아가야 할 천국 본향이 있기 때문이다. 그러므로 참된 신앙이란 현세가 아닌 천국을 소망하는 삶이라 할 수 있다. 그렇다고 신앙이 장차 임할 하나님 나라를 무작정 기다리는 것도 아니다. 성도는 죄 많은 세상에서 객으로 머무는 동안 귀향을 위해 철저히 준비해야만 한다.

내가 어렸을 적 우리 집은 명절만 되면 항상 분주했었다. 할아버지 할머니가 계시는 시골로 내려갈 준비를 해야 했기 때문이다. 그중 가장 기억에 남는 것은 부모님께서 시골에 계신 할아버지와 할머니께 드릴 용돈을 준비하시던 일이었다. 그 당시 나는 어렸지만 부모님께서 항상 두툼한 봉투를 준비하셨던 것을 기억하고 있다. 그래서였을까? 우리가 가족은 늘 의기양양하게 시골로 내려갔다고?

나는 천국이라는 본향을 소망하는 모든 성도들에게도 이러한 준비가 필요하다고 생각한다.
*"오직 너희를 위하여 보물을 하늘에 쌓아 두라 거기는 좀이나 동록이 해하지 못하며 도둑이 구멍을 뚫지도 못하고 도둑질도 못하느니라"*(마 6:20).

신앙생활에 열심 있는 한 청년을 만나 상담한 적이 있다. 그는 어려서부터 고아로 성장했다. 하지만 그는 태어날 때부터 혈혈단신은 아니었다. 어린 시절에는 여느 아이와 다름없이 자신을 사랑해주는 부모의 보호를 받으며 성장했던 것이다. 하지만 아버지의 사업이 실패하여 가세가 기울면서 하루아침에 가족 모두가 거리로 나앉게 되었다. 그러던 중 어느 목사님께서 작은 돈을 보내왔고 가족은 목사님의 도움으로 간간히 끼니를 해결했다. 하지만 가정 형편은 나아지지 않았다 결국 그는 고아원에 맡겨졌고 지금까지 가족과 뿔뿔이 흩어지게 되었다.

그렇게 한참동안 지난날을 회고하던 청년은 나에게 이런 말을 했다. "그날 아버지는 목사님께서 주신 돈으로 나와 동생에게 빵을 사주셨습니다. 너무 배가 고파서 그랬는지 모르겠지만 그때 먹었던 빵은 잊을 수 없어요. 너무나 맛있게 먹었거든요. 어쩌면 그때의 따뜻한 기억 때문에 제가 하나님을 영접했는지 모릅니다."

나는 확신한다. 나의 부모님이 넉넉한 물질을 준비하여 자신감 있게 고향을 방문했듯이 이 땅에서 가난한 자를 구제하며 복음을 전한 성도들도 떳떳하게 천국에 입성할 것을 말이다.

"이에 의인들이 대답하여 이르되 주여 우리가 어느 때에 주께서 주리신 것을 보고 음식을 대접하였으며 목마르신 것을 보고 마시게 하였나이까 임금이 대답하여 이르시되 내가 진실로 너희에게 이르노니 너희가 여기 내 형제 중에 지극히 작은 자 하나에게 한 것이 곧 내게 한 것이니라 하시고"(마 25:37, 40).

성도의 물질은 성도의 것이 아니다.
복음을 위해서 하나님께서 우리에게 맡겨주신 것이다.

## 십자가를 지신 이유

**내가 그리스도와 함께 십자가에 못 박혔나니 그런즉 이제는 내가 사는 것이 아니요 오직 내 안에 그리스도께서 사시는 것이라 이제 내가 육체 가운데 사는 것은 나를 사랑하사 나를 위하여 자기 자신을 버리신 하나님의 아들을 믿는 믿음 안에서 사는 것이라** – 갈 2:20

나는 축구를 보는 것도 좋아하고 하는 것도 좋아한다. 이상하게도 축구만 하면 힘든 것도 모르고 열심히 뛰어다닌다. 그렇다고 내가 축구를 잘한다는 것은 아니다.

그러던 어느 날 나는 축구를 하다가 큰 부상을 당하였다. 다리를 겹질려 뼈에 금이 갔던 것이다. 그래서 나는 병원에 누워 더 이상 축구를 하지 않겠노라 다짐하고 또 다짐했다. 하지만 부끄럽게도 그러한 내 다짐은 수포로 돌아갔다. 아픈 다리가 호전되자마자 또다시 축구장으로 달려갔던 것이다. 공을 몰고 달리는데 아직 작은 통증이 느껴졌다. 하지만 그것은 내게 큰 문제가 되지 않았다. 통증의 염려보다는 축구를 즐기는 기쁨이 더 컸던 것이다. 그때 나는 깨달았다. 사람은 자신이 사랑하는 것을 위해서라면 어떠한 고통도 견딜 수 있다는 것을 말이다.

아내와의 연애시절 우리 사이에는 많은 트러블이 있었다. 그도 그럴 것이 20년 넘는 세월을 우리는 서로 다른 집안의 환경에서 살아오지 않았던가? 하지만 나는 그렇다고 아내를 원망하거나 헤어지는 생각을 한 번도 하질 않았다. 아내와의 갈등으로 인한 아픔보다 내가 아내를 사랑하는 감정이 훨씬 더 컸기 때문이었다.

　이러한 나의 감정은 어린 딸을 양육함에도 동일하게 드러난다. 눈에 넣어도 아프지 않을 딸이지만 딸이 성장하는 것을 지켜보는 내 모습은 언제나 노심초사이다. 딸이 감기에 걸려 고통스러워하면 아파하는 딸보다 내 마음이 더 쓰리고 아팠고 딸이 학교에서 친구들과 어울리지 못하여 슬퍼할 때면 그런 딸을 바라보는 내 마음이 더 슬프고 우울했다. 이렇듯 자녀를 사랑하는 부모의 마음에는 기쁨보다 아픈 감정이 더 많이 자리하고 있는 것이다. 그렇다고 어디 사랑하는 딸의 양육을 포기할 수 있겠는가? 오히려 나는 할 수만 있다면 딸이 험한 세상에서 감당해야 할 모든 고난을 대신 지고 싶은 심정이다.
　이처럼 사랑은 참으로 경이로운듯하다. 어떠한 고난도 이겨낼 수 있는 힘을 지니고 있으니 말이다.

　*"그 중의 제일은 사랑이라"*(고전 13:13).
　예수님께서 십자가를 지신 이유는 단순히 하나님의 명령 때문만은 아니었다. 예수님께서는 자녀인 우리가 짊어져야 하는 그 고난의 십자가를 부모로서 대신 지셨던 것이다. 그래서 십자가는 희생이자 사랑이며 동시에 예수님의 '기쁨'이라 할 수 있다.

## 기도에는 능력이 있다

**자기는 그들 앞에서 나아가되 몸을 일곱 번 땅에 굽히며 그의 형 에서에게 가까이 가니 에서가 달려와서 그를 맞이하여 안고 목을 어긋맞추어 그와 입맞추고 서로 우니라** – 창 33:3-4

　전도사의 신분으로 한 교회를 섬기던 시절, 어느 집사님이 나를 찾아와 자신의 고민을 나누었다. 그는 가정의 생계를 위해 지방에서 홀로 일을 하며 생활하던 중 아내 몰래 다른 여자와 부적절한 관계를 했다며 자신의 과오를 솔직하게 고백했다. 그리고 그는 지난날을 후회한다며 자신이 다시 가정에 집중할 수 있는 방법을 알려달라고 부탁했다. 그래서 나는 그에게 아내를 위해 간절히 기도하라고 조언하였다. 하지만 그는 나의 그런 조언에 실망하는 듯했다. 아마도 그는 사역자인 나에게 자신의 문제를 해결할 수 있는 특별한 방법을 기대했던 것 같았다. 그래서 나의 삶을 예로 들며 내가 경험했던 기도의 능력에 설명했다.

　나는 나의 아내를 세상에서 가장 소중한 사람이라 생각한다. 물론 이러한 감정은 나의 의지로 생성된 것이 아니다. 오직 나의 기도를 들으신 하나님께서 허락하신 은혜라 할 수 있다. 내가 아내를 위해서 기도하면 하나님께서는 나의 기도에 응답하셔서 아내가 나와 자녀를 위해 얼마나 큰 헌신을 하고 있는지 깨닫게 해 주신다. 결국 나는 그러한 깨달음을 통하여 아내를 향한 감사함과 애정을 소유할 수 있게 되었던 것이다.

당신은 기적을 무엇이라고 생각하는가? 나는 완악한 사람의 마음이 하나님의 말씀으로 변화되는 것이 가장 큰 기적이라고 믿는다.

*"주인의 형 에서에게 이른즉 그가 사백 명을 거느리고 주인을 만나려고 오더이다"*(창 32:6). 야곱은 외삼촌 라반의 집을 떠나 귀향길에 오른다. 하지만 야곱이 돌아온다는 소식을 들은 그의 형 에서는 지난날 자신의 장자권을 가로챈 야곱에게 분풀이를 하려 쫓아온다. 그러한 급박한 상황 속에서 야곱은 잔머리를 굴려 분노한 에서의 마음을 풀기위해 노력한다. 자기가 라반의 집에서 모아들인 재산을 에서에게 바치기로 계획했던 것이다. 하지만 그러한 인간적인 방법은 에서의 마음을 돌리기에는 역부족이었다.

결국 한순간에 무일푼이 되어 버린 야곱의 최후의 방법은 기도였다. 얍복 나루에서 하나님의 사람을 만나 그와 씨름하며 축복을 간구했던 것이다. 결국 하나님께서는 야곱의 기도에 응답하셨고 강퍅한 에서의 마음도 누그러들게 하셨다.

기도에는 능력이 있다. 기도하면 내가 바뀌고 상대도 바뀐다. 나는 이것이 성경에 기록된 가장 큰 기적이라 믿는다.

## 이스라엘이 된 야곱

**야곱이 떡과 팥죽을 에서에게 주매 에서가 먹으며 마시고 일어나 갔으니 에서가 장자의 명분을 가볍게 여김이었더라** – 창 25:34

야곱은 장자권을 소유하길 원한다. 하지만 그것은 불가능한 일이다. 왜냐하면 야곱은 장자가 아니기 때문이다.

우리 모두는 구원을 소망한다. 하지만 그것은 불가능한 일이다. 왜냐하면 우리 안에는 지워지지 않는 원죄가 있기 때문이다.

"*리브가가 집 안 자기에게 있는 그의 맏아들 에서의 좋은 의복을 가져다가 그의 작은 아들 야곱에게 입히고 또 염소 새끼의 가죽을 그의 손과 목의 매끈매끈한 곳에 입히고*"(창 27:15-16). 리브가는 불가능한 야곱을 도와 장자의 옷을 입혀준다. 그렇게 야곱은 이삭 앞으로 나아간다.

성령님께서는 불가능한 우리를 도우사 예수님의 보혈을 입혀주신다. 그리고 우리는 하나님 앞으로 나아간다.

"*이삭이 심히 크게 떨며 이르되 그러면 사냥한 고기를 내게 가져온 자가 누구냐 네가 오기 전에 내가 다 먹고 그를 위하여 축복하였은즉 그가 반드시 복을 받을 것이니라*"(33절). 눈이 어두워 잘 보이지 않았던 이삭이 장자를 가장한 야곱을 축복한다.

모든 것을 아시는 하나님이시지만 예수님의 보혈을 덧입은 우리를 눈감아주시며 구원의 은혜를 허락하신다.

우리의 의는 티끌만큼도 존재하지 않는다. 우리는 오직 예수님의 은혜로 하나님의 자녀가 되어 천국에 입성할 자격을 얻게 되었다.

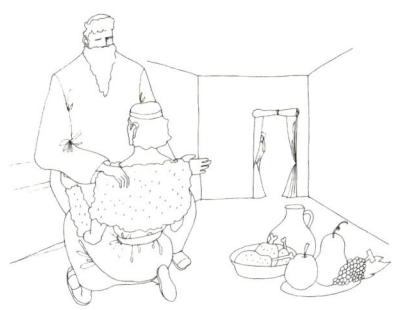

## 날마다 성장하자

**의인은 종려나무 같이 번성하며 레바논의 백향목 같이 성장하리로다**
- 시 92:12

나는 딸이 성장하는 것을 볼 때 가장 행복하다. 딸이 한글을 깨우치고 처음으로 성경을 읽었을 때의 감동을 아직도 생생하게 기억한다. 비록 능숙하게 읽지는 못했지만 떠듬떠듬 창세기의 말씀을 읽어 내려가는 딸의 그 모습이 너무나 대견스러웠다. 요즘 우리 딸은 엄마에게 피아노를 배우고 있다. 우리 딸이 작은 손가락으로 열심히 피아노를 칠 때면 나는 흐뭇한 모습으로 딸의 연주를 조용히 감상한다. 이처럼 자녀의 성장은 부모에게 가장 기쁘고 행복한 것이다.

*"예수는 지혜와 키가 자라가며 하나님과 사람에게 더욱 사랑스러워 가시더라"*(눅 2:52). 성경은 예수님께서도 성장하셨고 그로인해 하나님 아버지의 많은 사랑을 받으셨다고 기록하고 있다. 마찬가지다. 하나님의 자녀인 우리도 하나님의 기쁨이 되기 위해서 매일 성장하는 삶을 살아야 하는 것이다.

창세기에 등장하는 요셉은 '성장하는 인생'의 대표적인 롤 모델이라 할 수 있다. 요셉은 헛된 행운 따위를 기다리지 않았다. 그는 오히려 현실을 직시하며 자신에게 주어진 삶을 성실하게 감당하였다. 그래서 종의 신분에서 애굽의 총리가 되는 성공신화를 이룰 수 있었던 것이다.

요셉이 성장하는 삶을 살았다는 증거는 애굽에서 그가 바로와 자연스럽게 소통을 했다는 것에서 드러난다. 요셉은 히브리어를 사용했던 사람이었다. 하지만 그는 오랜 종살이와 감옥살이를 하면서 허송세월을 보내지 않았다. 그는 끊임없이 배웠고 성장하여 결국 애굽의 언어를 습득했던 것이다. 생각해보라. 아무리 지혜로운들 애굽의 언어를 능통하게 사용하지 못했다면 어찌 애굽의 총리가 될 수 있었겠는가?

"바로가 요셉에게 이르되 내가 한 꿈을 꾸었으나 그것을 해석하는 자가 없더니 들은즉 너는 꿈을 들으면 능히 푼다 하더라"(창 41:15). 사실 요셉이 총리가 될 수 있었던 결정적인 이유는 애굽의 왕 바로의 꿈을 해석했기 때문이었다. 요셉은 바로의 꿈을 해석하여 애굽의 닥칠 흉년을 지혜로 대비했던 것이다. 우리는 여기서 다시 한 번 요셉의 성장을 확인할 수 있다. 꿈꾸는 자였던 요셉은 꿈꾸는 것을 넘어 꿈을 해석할 수 있는 자로 성장했던 것이다.

## 신뢰받는 성도

**그가 그의 꿈을 아버지와 형들에게 말하매 아버지가 그를 꾸짖고 그에게 이르되 네가 꾼 꿈이 무엇이냐 나와 네 어머니와 네 형들이 참으로 가서 땅에 엎드려 네게 절하겠느냐 그의 형들은 시기하되 그의 아버지는 그 말을 간직해 두었더라** – 창 37:10-11

요셉은 꿈을 통해 하나님의 계시를 받는 사람이었다. 그는 꿈을 통해 자신의 형제들이 밭에서 묶은 단이 자신이 묶은 단을 둘러서서 절하는 것과 하나님께서 만드신 해, 달, 별이 자신에게 절하는 것을 보았다. 그런 이유에서 당시 요셉은 형제들에게 시기의 대상이었다. 하지만 성경에 기록된 것처럼 그의 아버지 야곱은 그를 신뢰함으로 그가 꾼 꿈을 가볍게 여기지 않았다.

부모가 자녀를 사랑하는 것과 신뢰하는 것은 엄연히 다른 것이다. 이 말은 대부분의 부모가 자신의 자녀를 무조건적으로 사랑하지만 자녀를 신뢰하는 부모는 흔치 않다는 뜻이다.

어느 날 야곱은 세겜 땅에서 양을 치던 그의 아들들의 상황을 살피기 위해 요셉을 보냈다. 이것은 야곱이 요셉의 형제들을 신뢰하지 못했다는 것을 단적으로 표현한 장면이다. 반면 야곱이 요셉을 신뢰했다는 증거이기도 하다. 그도 그런 것이 요셉이 세겜에 도착해보니 있어야 할 형제들이 그곳에 없었다. *"어떤 사람이 그를 만난즉 그가 들에서 방황하는지라 그 사람이 그에게 물어 이르되 네가 무엇을 찾느냐"*(창 37:15).

그런데 요셉의 진가는 여기에서 드러난다. 만약 내가 요셉이었다면 나는 속히 집으로 복귀해 형제들이 사라진 것을 아버지께 고자질했을 것이다. 하지만 요셉은 아버지 야곱의 뜻이 무엇인지 정확하게 파악하고 있었다. 아버지 야곱은 자신의 자녀들과 양떼의 안부를 확인하길 바랐던 것이다. 그래서 요셉은 형제들을 찾기 위해 다시 먼길을 떠나게 된다.

야곱이 양을 치던 그의 아들들을 신뢰하지 못했던 이유는 무엇일까? 평소 아들들은 아버지의 말을 가볍게 듣고 행동했으며, 가축을 제대로 돌보지 않고 유흥을 즐겼을 것으로 추측할 수 있다. 그들은 가축을 끌고 다메섹과 애굽을 잇는 대상들이 머무는 도단까지 올라갔다. 반대로 야곱이 요셉을 신뢰했던 이유는 요셉이 아버지의 뜻을 밝히 알아 순종하였고, 가족과 형제를 생각했고 악한 행위를 경계하며 하나님 앞에 신실했기 때문이다. 요셉의 일생은 이러한 모습이 점철되어 있다.

## 하나님을 의식하라

그 후에 그의 주인의 아내가 요셉에게 눈짓하다가 동침하기를 청하니 요셉이 거절하며… 내가 어찌 이 큰 악을 행하여 하나님께 죄를 지으리이까 여인이 날마다 요셉에게 청하였으나 요셉이 듣지 아니하여 동침하지 아니할 뿐더러 함께 있지도 아니하니라 – 창 39:7-10

"인간은 사회적 동물이다"라고 정의한다. 태어나면서 자기의 의지와는 상관없이 혈연, 학연, 지연 등의 구성원이 되어 살아간다. 그래서 사람의 성공은 관계의 성공이기도 하다. 신앙적으로 이 말을 해석한다면, 모든 관계의 기초는 보이지 않는 하나님과의 관계에 있다는 것을 늘 잊지 말아야 한다. 하나님과의 관계가 바르지 않으면 성공은 신기루에 불과하다. 하나님과의 관계가 올바르면 하나님께서 그 인생을 책임져주신다. 성도의 모든 관계가 깨지고 엉망된 것처럼 보여도 결국 하나님께서 개입하셔서 바르게 회복하여 주시는 것이다.

동서고금을 막론하고 미인의 유혹에 넘어가는 사내의 일은 흔한 이야기 중의 하나다. 나는 요셉을 유혹했던 보디발의 아내가 분명 출중한 미인이었을 것이라고 생각한다. 왜냐하면 당시 보디발의 사회적 지위 때문이다. 보디발은 당시 애굽 왕 바로의 친위대장이었다. 친위대장이라 함은 왕의 경호와 호위를 맡은 군대의 우두머리를 가리킨다(창 37:36). 그만큼 그는 영향력 있는 인물이었다. 그런 그의 아내라면 누구나 짐작할 것이다. 보디발의 아내가 분명 출중한 미녀라는 것을 말이다. 하지만 요셉은 그런 여인의 유혹에 넘어가지 않았다. 그를 실족하게하려는 사탄의 시험을 이겨냈던 것이다.

*"내가 어찌 이 큰 악을 행하여 하나님께 죄를 지으리이까"*(39:9). 요셉은 죄를 단순히 인간 간의 윤리적인 문제로 생각하지 않았다. 요셉은 모든 죄의 발단을 하나님을 의식하지 못하는 사람의 망령된 시각에서 찾았다. 그래서 자신을 유혹하는 천하절색의 미녀 앞에서도 보이지 않는 하나님을 떠올리며 두려워했던 것이다.

*"나의 영혼이 잠잠히 하나님만 바람이여 나의 구원이 그에게서 나오는도다"*(시 62:1).

많은 사람들이 요셉을 신뢰했다는 것은 그가 모든 인간관계에 성공했다는 증거가 된다. 또한 오늘 말씀은 그러한 그의 관계가 철저하게 하나님을 의식하는 신앙에서 근거되어 있었음을 알려준다.

## 우리를 향한 불신자들의 신뢰

**여호와께서 요셉과 함께 하시므로 그가 형통한 자가 되어 그의 주인 애굽 사람의 집에 있으니 그의 주인이 여호와께서 그와 함께 하심을 보며 또 여호와께서 그의 범사에 형통하게 하심을 보았더라… 그가 요셉을 가정 총무로 삼고 자기의 소유를 다 그의 손에 위탁하니** – 창 39:2-4

형제들의 시기로 인해 요셉은 애굽에 있는 보디발의 집으로 팔려간다. 하지만 그는 그곳에서도 특유의 성실함으로 주인에게 인정을 받아 가정총무의 위치까지 오르게 된다. 그러한 그의 자세는 어떤 환경에 있든지 사람보다도 하나님을 의식했다는 증거이기도 하다. 보디발은 하나님과 늘 동행하는 요셉을 보면서 그를 신뢰할 수 있었던 것이다.

세월이 흘러 요셉은 애굽의 왕 바로에게도 신임을 얻게 되었다. 요셉을 향한 바로의 총애는 지금까지 다른 신하들에게 보지 못한 그의 지혜가 결정적으로 작용하였겠지만, 나는 바로가 그것 때문에 요셉을 신임했을 리가 없다고 생각한다. 바로는 거대한 나라를 무명 애송이에게 그냥 맡긴 것이 아니다. 자신의 권력과 정보요원을 가동하여 요셉의 지난 행적을 살펴보았을 것이다. 어쩌면 바로는 보디발에게 요셉에 대해 많은 것을 물어보았을 것으로 추측한다. 보디발은 자기 아내로 인해 충실한 종 하나를 잃고 곤경에 빠뜨렸다는 사실을 이야기하며 요셉의 사람됨을 보고 했는지도 모른다. 또한 감옥에서 비관하지 않고 신실했던 요셉에 대한 이야기를 듣게 되었을 것이다.

나는 전자회사에서 3년 정도 일한 적이 있다. 지금도 그 시절을 회상하면 쥐구멍이라도 있으면 숨고 싶은 심정이다. 당시 나는 매우 불성실하였다. 상사가 자리를 비우면 몰래 탕비실에서 잠을 잤고, 근무시간에 핑계를 대고 매점을 찾아 군것질을 하기도 했었다. 그런 내 모습이 후회스러운 이유는 그 당시 내가 하나님을 의식할 수 있는 영적 수준이 아니었기 때문이다. 나와 함께 일하던 직원들은 나의 불성실함을 눈치 채지 못했을 수도 있겠지만 그런 나를 지켜보고 계셨을 하나님을 생각하면 지금도 손발이 저린다.

참된 신앙생활을 영위하는 성도는 이웃에게도 신뢰를 받는다. 왜냐하면 그는 늘 자신과 동행하시는 하나님을 의식하여 성실하고 정의로운 삶을 살기 때문이다. 이 시대 많은 불신자들이 교회와 성도들을 불신하는 이유를 우리는 깊이 묵상해야 한다. 어쩌면 그들의 그러한 불신은 우리가 삶에서 하나님을 의식하지 못한 결과가 아닐까 생각해본다.

## 어떤 상황에도

**한밤중에 바울과 실라가 기도하고 하나님을 찬송하매 죄수들이 듣더라**
– 행 16:25

　요셉은 누구보다도 억울함이 많은 사람이었다. 그것은 요셉이 매우 순종적인 사람인 까닭이기도 하다. 순종적인 그의 신앙이 결국 애굽의 노예로 팔려가는 운명을 낳게 한 것이다. 요셉의 시련은 거기에서 그치지 않았다. 요셉은 보디발 아내의 유혹을 뿌리친 대가로 오히려 감옥에 갇히는 일까지 겪게 된다. 정든 고향과 그리운 아버지를 떠나 머나먼 이국땅에서의 비참한 삶은 죽음보다 더욱 그를 고통스럽게 만들었을 것이다.
　하지만 그의 신앙은 위축되지 않았다. 요셉의 성실함이 그것을 입증한다. 그는 자신의 억울한 처지를 원망하며 자포자기보다는 순응하여 자신에게 맡겨진 모든 일에 최선을 다했던 것이다.

　우리는 오늘의 말씀을 통해 바울과 실라의 신념을 엿볼 수 있다. 그들은 복음을 전하다가 모진 매를 맞고 옥에 갇히는 신세가 되었다. 하지만 그들의 신앙은 옥중에서 더욱 더 빛이 난다.

　어떠한 상황에도 감사할 수 있는 신앙이란 하나님을 바라는 믿음에서 비롯되는 것이다. 바울과 실라 그리고 앞서 언급한 요셉까지 그들의 신앙은 자신들의 안정적인 현세의 삶에 초점 맞춰져 있지 않았다. 그들은 자신의 처지가 어떠하든 하나님을 예배해야 한다는 올바른 믿음에 사로잡혀 있었던 것이다.

성도에게 상황을 초월한 감사와 자족은 선택이 아니라 생활의 필수 덕목이라 할 수 있다. 하지만 그러한 명령에 순종할 수 있는 사람은 오직 신앙의 목적이 바르게 설정된 사람일 것이다.

## 말을 통해서 알 수 있다

**선한 사람은 마음에 쌓은 선에서 선을 내고 악한 자는 그 쌓은 악에서 악을 내나니 이는 마음에 가득한 것을 입으로 말함이니라** – 눅 6:45

사람의 중심을 가늠할 수 있는 간단한 방법이 있다. 그것은 상대의 관심사가 무엇인지를 파악하는 것이다.

나는 목사다. 목사는 하나님에 관한 이야기를 전하는 사람이다. 그러므로 나의 관심사는 오직 '신앙'이어야 한다. 나는 종종 목사들과 만나 교제를 한다. 하지만 때로는 그들과의 관계를 통해 공허함을 느낀다. 그 이유는 그들의 관심사가 신앙이 아니기 때문이다. 정치 이야기만 늘어놓는 목사가 있는가 하면 다른 목회자를 비판하는 목사도 있고 심지어 인터넷 게임 이야기를 하는 목사도 있다. 안타깝게도 이러한 양상은 그들의 삶에 복음이 없다는 증거가 되는 것이다.

목사는 하나님의 말씀을 대언하는 사람이다. 하지만 그것은 목사가 풍부한 신학적 지식만을 소유했다 하여 감당할 수 있는 것이 아니다. 목사는 건전한 신학을 바탕으로 자신이 삶에서 경험한 하나님의 은혜를 지니고 있어야 한다. 그래야만 성도들에게 생동감이 있는 하나님의 말씀을 선포하고 증언할 수 있는 것이다. 사실 성도의 입장에서는 그러한 간증거리가 많은 목회자와 교제하는 것이 기쁜 일이다. 목회자가 전하는 은혜로 말미암아 갈한 심령의 회복을 느끼는 것이다.

하나님께 선택받은 성도라면 누구나 전도에 매진해야 한다. 왜냐하면 복음전파는 예수님의 지상명령이기 때문이다. 하지만 오늘날 전도하는 성도를 찾기란 쉽지 않은 일이다. 왜 일까? 복음을 전하는 일이 부끄러워서일까? 아니면 복음을 전하며 경험하게 될 거절감이 두려워서일까?

아니다. 성도가 전도를 어려워하는 이유는 그들이 삶에서 경험한 하나님의 은혜가 없기에 할 말이 없는 것이다.

## 은혜 받은 것을 유지하라

예전에 〈러브하우스〉라는 텔레비전 프로그램이 있었다. 생활이 어렵고 가난한 사람의 집을 선정해서 새집으로 꾸며주는 내용을 보여주었다. 어느 날 친척 동생과 함께 그 프로그램을 시청하고 있었다. 그날도 여지없이 아주 오래되고 낡은 집을 마술처럼 새집으로 만드는 장면이 방영되고 있었다. 그런데 그때 화면을 보고 있던 동생이 이상한 말을 한다.

"저거 저렇게 고쳐주면 뭐해? 시간이 지나면 금방 원상 복구되던데…" 그래서 나는 동생이 건넨 말의 저의를 물었다. 그랬더니 동생은 자신이 살고 있는 동네에 러브하우스 팀이 찾아와 가난한 사람의 집을 깨끗하게 청소해주고 고쳐주었던 일을 이야기해주었다. 그런데 그 집이 얼마 지나지 않자 다시 지저분해지고 낡게 변했다는 것이었다.

"그 후에 예수께서 성전에서 그 사람을 만나 이르시되 보라 네가 나았으니 더 심한 것이 생기지 않게 다시는 죄를 범하지 말라 하시니"(요 5:14).

위의 말씀을 묵상하면 예수님께서 병자에게 무엇을 원하시는지 쉽게 깨달을 수 있다. 예수님께서는 치료받는 것보다 치료된 상태를 유지하는 것이 중요하다고 말씀하셨던 것이다.

나의 어머니는 청소를 참 잘하시는 분이시다. 그래서 우리 집은 언제나 청결하기로 소문나 있었다. 나중에 깨달은 사실이지만 우리 어머니는 청소를 잘하는 것을 넘어서 그 깨끗함을 잘 유지하셨던 분이시기도 하셨다. 그래서 어머니는 집에 계셨을 때 늘 청소에 힘쓰셨다.

하나님께서 허락하신 은혜를 유지하는 방법도 이와 동일하다. 은혜를 받는 것으로 마무리되는 것이 아닌 받은 은혜를 되새김질

하고 하나님의 또 다른 은혜를 갈망하는 것이 늘 새로운 신앙을 유지하는 비결이라 할 수 있는 것이다.

내가 지난날 알고 지내던 선배의 아버지는 지나친 음주로 간경화를 진단받았다. 혈액투석을 할 만큼 건강이 악화된 상태였다. 그런데 꾸준히 병원을 내원하며 치료를 받은 덕에 기적같이 다시 건강을 회복할 수 있었다. 하지만 몇 달이 채 안 되어 선배의 아버지께서는 사망하셨다. 선배의 아버지는 간경화가 호전되자 그동안 끊었던 술을 다시 드셨던 것이다.

## 건강한 자는 순종한다

**오직 사랑 안에서 참된 것을 하여 범사에 그에게까지 자랄지라 그는 머리니 곧 그리스도라 그에게서 온 몸이 각 마디를 통하여 도움을 받음으로 연결되고 결합되어 각 지체의 분량대로 역사하여 그 몸을 자라게 하며 사랑 안에서 스스로 세우느니라** – 엡 4:15-16

고등학교 재학 시절 친하게 지내던 한 친구가 오토바이 사고로 병원에 입원했다는 소식을 듣게 되었다. 그래서 나는 그 친구가 입원한 병원을 방문하게 되었다. 그런데 병실의 분위기가 그다지 좋지 않았다. 먼발치에 서 계셨던 친구의 어머니께서 가슴을 치며 오열했던 것이다. 하지만 친구는 침대에 누워 웃으며 나를 맞아주었다. 우리는 이런저런 담소를 나누며 즐거운 시간을 가졌다. 그런데 친구 녀석이 갑자기 목이 탔는지 어머니를 부른다. 병실 밖에서 슬픔에 잠겨있던 어머니는 퉁퉁 부은 눈을 닦으시며 병실 안으로 들어와 친구에게 물을 먹여주셨다. 그런데 그 녀석이 물을 먹다가 그만 옷에 물을 흘리고 말았다. 그리고는 어머니에게 물도 제대로 못 먹인다며 오히려 큰소리를 쳤다. 그래서 나는 민망한 나머지 친구 녀석에게 "버릇없이 엄마한테 왜 그러냐. 물 같은 건 네가 직접 떠먹으면 되잖아"라고 조용히 말을 건넸다. 그랬더니 친구 녀석은 그게 생각처럼 잘 안 된다며 짜증을 부렸다. 그때 나는 친구의 말이 무엇을 뜻하는지 바로 깨닫지 못했다.

그렇게 친구와의 짧은 만남을 뒤로하고 병실을 나와 엘리베이터를 기다리는데 친구의 어머니께서 내게 천천히 다가오셨다. 그리고는 병문안 온 나에게 고맙다는 말과 함께 친구의 상태를 말씀해주셨다. 친구는 오토바이 사고로 척추를 심하게 다쳐 하반신을 쓸 수 없었던 것이다.

신학생시절 하나님께서는 도서관에 앉아있는 나에게 이런 지난 일을 묵상하게 하시며 깨달음을 주셨다. 육신의 건강함이란 무엇일까? 그것은 바로 머리가 원하는 대로 팔다리가 움직이는 것이라 할 수 있다. 영혼의 강건함도 이와 마찬가지다. 머리 되신 예수님께서 원하시는 대로 우리의 영혼이 반응하여 순종하는 것이 바로 건강한 영혼이라 할 수 있는 것이다.

예수님은 머리요 교회는 그의 몸이며 성도들은 그 몸의 각 지체가 된다. 건강한 지체는 머리의 지시에 따라 순종한다.

## 긍정의 힘

**믿음이 없이는 하나님을 기쁘시게 하지 못하나니 하나님께 나아가는 자는 반드시 그가 계신 것과 또한 그가 자기를 찾는 자들에게 상 주시는 이심을 믿어야 할지니라** – 히 11:6

언젠가 조엘 오스틴 목사의 「긍정의 힘」이란 책을 본 적이 있다. 그 책의 내용은 사람이 긍정적인 마음을 소유하고 자주 긍정적인 말을 선포하게 되면 실제로 삶의 형통이 이루진다는 것이었다. 하지만 그러한 주장은 성경의 근거가 없는 엉터리 주장이며 생각해볼 가치조차 없는 허위일 뿐이다.

사람은 누구나 축복을 갈망한다. 그것은 하나님께서 피조물인 인간에게 주신 본성이며 그 본성을 통해 성도는 하나님의 실체에 다가갈 힘도 얻게 되는 것이다. 그렇다면 하나님께서는 누구의 갈망에 응답하시어 축복을 허락하시는 것일까?

어렸을 적 우리 딸은 파워레인저를 좋아했었다. 그래서 나는 의도치 않게 딸이 좋아하는 방송인 파워레인저를 자주 봐야만 했다. 그런데 너무 뻔한 스토리라 늘 식상하였다. 항상 악당들은 죽고 파워레인저는 승리하게 된다는 내용이 반복되니 말이다. 그런데도 딸은 파워레인저가 악당을 물리칠 때마다 무척이나 기뻐했다. 딸의 그런 모습을 보면서 나는 내 어린 시절을 회상하게 되었다. 나도 한때는 국회의사당에 태권브이가 실재한다고 믿었던 적이 있었다. 그런 나는 매일 저녁마다 텔레비전 앞에서 악의 무리를 소탕하는 독수리 오형제를 보며 환호했었다.

"네가 만일 네 하나님 여호와의 말씀을 순종하지 아니하여 내가 오늘 네게 명령하는 그의 모든 명령과 규례를 지켜 행하지 아니하면 이 모든 저주가 네게 임하며 네게 이를 것이니 네가 성읍에서도 저주를 받으며 들에서도 저주를 받을 것이요"(신 28:15-16). 이처럼 하나님께서는 모든 인간의 마음에 권선징악의 교훈을 심어주신다. 그래서 대부분의 사람들이 행악 자들의 징계와 선한 자들의 승리에 환호하는 것이다.

긍정적인 사고는 단순히 긍정적인 말을 반복한다고 생겨나는 것은 아니다. 사람이 오로지 한평생을 신앙생활에 전념하여 천국을 소망하는 것과 같이 우리가 하나님께서 기뻐하시는 삶을 살아갈 때 비로소 긍정적인 에너지를 얻을 수 있는 것이다.

어느 추운 겨울날이었다. 노방전도를 나가려고 전도지를 만들었다. 그리고 옷을 입으려는데 양복이 다려져 있지 않았다. 그래서 나는 하는 수 없이 철이 지난 춘추복을 입고 거리로 나갔다.

날씨가 너무 추웠던 탓일까? 사람들은 모두 손을 호주머니에 넣은 채 내가 전하는 전도지를 받으려하지 않았다. 더 힘들었던 것은 옷 사이로 파고드는 매서운 냉기였다. 그래도 복음전파는 사명이 아니던가? 어려운 환경이었지만 결국 준비해 온 전도지를 다 전하고 차안으로 들어왔다. 추운 몸을 녹이려 급하게 히터를 켰다. 감사하게도 금세 따뜻한 바람이 나온다. 그 순간 내 마음 속에 작은 음성이 들려왔다. "나는 분명 하나님께 복을 받게 될 거야. 왜냐하면 나는 하나님의 기쁨이 되는 사람이기 때문이야." 내 자아의 소리였다. 나는 하나님의 말씀에 순종하는 나 자신을 긍정적으로 여기고 있었다.

"*믿음이 없이는 하나님을 기쁘시게 하지 못하나니 하나님께 나아가는 자는 반드시 그가 계신 것과 또한 그가 자기를 찾는 자들에게 상 주시는 이심을 믿어야 할지니라*"(히 11:6). 성경은 하나님께 축복을 차지할 자가 누구인지 알려준다. 그는 곧 부지런히 하나님을 찾고 또한 말씀에 순종하는 자인 것이다.

## 경준이와 같은 나

예수께서 맹인의 손을 붙잡으시고 마을 밖으로 데리고 나가사 눈에 침을 뱉으시며 그에게 안수하시고 무엇이 보이느냐 물으시니 – 막 8:23

이 책의 겉표지 배경이 되는 그림은 나와 경준이의 모습을 담은 것이다. 경준이는 우리 교회에서 운영 중인 장애인 복지시설에 소속된 자폐아이다. 자신을 돌봐 주던 어머니께서 갑작스럽게 사망한 후 우리 시설에 맡겨졌다.

하지만 그런 안타까운 경준이는 항상 나의 근심거리였다. 장애인들과 함께 예배드리는 것을 꿈꿨던 나에게는 어떠한 소통도 되지 않는 경준이를 돌본다는 것 자체가 아무런 의미 없는 일로 여겨졌던 것이다.

그런데 어느 날 경준이가 무심코 흥얼거렸던 노래가 나를 부끄럽게 했다. "예수 예수 믿는 것은 받은 증거 많도다. 예수 예수 귀한 예수 믿음 더욱 주소서"(새찬송가 542장).

경준이의 이 찬송소리는 그동안 경준이와 함께 저녁마다 예배를 드렸던 수고가 헛되지 않았음을 증명하는 순간이었다. 결국 지난날 내 모든 의심은 전능하신 하나님을 향한 불신이었던 것이다.

경준이는 특히 세상 것들에 대한 관심이 많은 것 같다. 일주일에 한 번 경준이의 심리 치료를 위해 시내에 나갈 때면 내가 방심한 사이 이내 자신의 이목을 끄는 곳으로 달려가 버리기 때문이다. 그래서 나는 경준이의 손을 절대 놓지 않는다. 솔직히 목사인 나와 경준이는 크게 다르지 않아 보인다. 나도 하나님께서 내 손을 잡아 주지 않는다면 금세 세상 것에 정신이 팔리는 놈이기 때문이다.

이처럼 나와 경준이는 닮은 점이 참 많은 것 같다. 하나님께서는 경준이처럼 신앙생활에 가망이 없는 나에게 예배를 가르쳐주셨고, 날마다 세상에 미혹 받는 나를 붙잡아 주셔서 주의 길을 가게 하셨으니 말이다.

주님, 제 손을 꼭 잡고 가세요.
주님이 저를 붙잡아 주시지 않으면
저는 분명 세상으로 달려가 버릴 거예요.
주님, 지금처럼 저의 손을 꼭 잡고
저와 동행하며 천국으로 가요.

## 21C 교회성장과 축복의 통로

**교회진흥원**은 기독교한국침례회 총회의 교육, 문서선교 기관으로서 교회의 교육, 목회, 선교활동에 관한 실제적인 연구와 프로그램 개발, 기독교 정보를 제공하고, 자료 출판 및 보급사역을 하고 있습니다.

- 각 연령별 교회학교 공과, 구역공과, 제자훈련 교재, 음악도서를 기획, 출판하고 이와 관련된 각종 강습회를 실시합니다.
- 요단출판사를 운영하며 매년 70여 종의 각종 신앙도서와 제자 훈련 교재를 기획, 출판합니다.
- 서울과 대전에 직영서점을 운영하고 있습니다.

### 요단출판사의 사역정신

그리스도인들의 올바른 신앙성장과 영성 개발에 필요한 신앙도서를 엄선하여 출판, 보급함으로써 이 땅에 하나님나라 확장을 위해 헌신하고 있습니다.

- **F**or God For Church
  하나님과 교회의 유익을 위하여 도서를 기획 출판합니다.
- **O**nly Prayer
  오직 기도뿐이라는 자세로 사역합니다.
- **W**ay To Church Growth & Blessings
  교회성장과 축복의 통로가 되기 위해 사명을 감당합니다.
- **G**ood Stewardship & Professionalism
  선한 청지기와 프로정신으로 사역합니다.
- **C**reating Christianity Culture & Developing Contents
  각종 문화 컨텐츠를 개발함으로 기독교 문화 창달에 기여합니다.

### 직·영·서·점

**요단기독교서적**　서울특별시 서초구 잠원동 69-14 반포쇼핑타운 6동 2층
**교회용품센타**　TEL 02)593·8715~8　FAX 02)536·6266 / 537·8616(용품)
**대전침례회서관**　대전광역시 동구 중동 21-27
　　　　　　　　　TEL 042)255·5322, 256·2109　FAX 042)254·0356
**요단인터넷서점**　www.jordanbook.com

"그러므로 너희는 가서 모든 민족을 제자로 삼아 아버지와 아들과 성령의 이름으로 침(세)례를 베풀고 내가 너희에게 분부한 모든 것을 가르쳐 지키게 하라 볼지어다 내가 세상 끝날까지 너희와 항상 함께 있으리라 하시니라."_마 28:19~20